The Journey to Real Reading
문을 여는 순간 작은 몰입이 시작된다

영어교육의 미니멀리즘을 꿈꾸다

Less but Better

이선은 지음

차례

Prologue　문을 여는 순간, 작은 몰입이 시작된다　　13
• • • •

Part 1　영어 공부의 시작부터 완성을 향하여
• • • •　언제 영어 입시 준비를 시작해야 할까　　27
　　　　초등학생이 토플을?　　41
　　　　영어를 배운 지 여러 해가 지났는데…　　49

Part 2　iB(i-Bridge) 영어 문해력 시크릿
• • • •　영어 교육을 바라보는 프레임을 바꿔라　　61
　　　　영어 교육, 밸런스가 중요하다　　71
　　　　수준에 맞는 영어 독서, 몰입의 즐거움　　79
　　　　읽은 책을 요약하고 생각을 덧붙이게 하라　　97
　　　　해외파를 이기는 비밀의 학습법　　105

Part 3   "미국에서 살다 왔나요?" iB(i-Bridge) 프로그램
· · · ·
    i-centered (내 아이 중심) '당연히'에 주목하라   119
    immerse (몰입) 읽고 싶은 책, 읽고 이해할 수 있는 책   131
    in Time (타이밍) 가장 필요한 순간에 필요한 만큼만   153

Part 4   수준별 & 연령별 iB(i-Bridge) 프로그램 실천 전략
· · · ·
    1부 수준별 맞춤 로드맵

    Grade 1~3 수준,
    영어 학원에서 영어 독서로 전환하려는 아이들을 위한 팁   165

    Grade 2~3 수준,
    영어책 읽는 아이들을 위한 영어 말하기 학습 팁   179

    Grade 1~4 수준,
    영어 독서로 이해력을 높이는 비결   189

    Grade 2~5 수준,
    영어책 읽는 아이들을 위한 문법 및 쓰기 학습 팁   197

    Grade 4~8 수준,
    영어 인증 시험(토플 등)을 준비하는 아이들을 위한 팁   203

Part 4	수준별 & 연령별 iB(i-Bridge) 프로그램 실천 전략

2부 연령별 맞춤 로드맵

초등 1~3학년,
읽기 능력의 기초를 다지는 '스펀지 영어 독서'를 하라   209

초등 4~6학년,
영어책 레벨을 올리기 위한 '단거리 영어 독서'로 시작하라   219

중등 1~2학년,
균형 있게 읽는 '포트폴리오식 영어 독서'를 하라   229

중등 3학년 이상,
영어 공부가 싫어질 때 '틈새 영어 독서'를 하라   235

Part 5	소소한 점선들이 연결되어 꿈을 말하다

영어 독서가 중요한 시대   243

아이를 영어 천재로 만드는 방법   249

똑똑한 영어 독서, 아이의 미래를 바꾼다   253

Epilogue   영어 교육은 발견이다   257

Prologue

문을 여는 순간,
작은 몰입이 시작된다

Prologue

　아무리 좋은 교육 방법이라도 학습자의 일상에 자연스럽게 스며들지 않으면 성공하기 어렵다. 언어 교육, 특히 외국어 교육은 이론적으로 간단해 보이지만 실행에는 다양한 변수가 따른다. 대학원 시절, 영어 교육에 대한 질문에 "그때그때가 달라요"라는 말을 우스갯소리처럼 자주 했던 기억이 있을 정도로 간단하고 보편적인 답을 찾기는 쉽지 않다.

　영어 교육 분야에서 25년 이상 일해오면서 넘치게 다양한 영어 교육 솔루션들을 만나왔다. 그럴 때면 '장님 코끼리 만지기 같다.(군맹무상 群盲撫象)'라는 생각이 들었다. 이것은 여러 명의 장님이 코끼리를 어루만진다는 뜻으로 자기 주관대로만 사물을 판단하는 경우를 비유한 고사이다.

이와 관련된 이야기를 찾아보면, 어느 인도의 왕이 장님들에게 코끼리라는 동물의 생김새를 가르쳐주기 위해 궁궐로 모이게 했다. 그리고 코끼리를 끌고 오게 하고는 장님들에게 만져 보게 했다. 이어서 왕은 물었다. "코끼리가 어떻게 생겼는지 알겠느냐?" 그러자 그들 중 상아(象牙)를 만져 본 장님은 "무와 같습니다."라고 답했고 귀를 만져 본 자는 "키와 같습니다."라고 말했다. 또한 머리를 만져 본 자는 "돌과 같습니다."라고 말했으며 코를 만져 본 자는 "절굿공이 같습니다."라고 말했다. 이처럼 장님들은 각자 자신들이 만져 본 부위가 코끼리의 전부인 양 착각했다. 그리하여 부분만 보고 전체를 본 것으로 착각하는 경우를 빗대는 말로 '장님이 코끼리 만지기 식이다.'라는 표현으로 널리 쓰이게 되었다고 한다.

나 역시도 영어교육에 대한 다양한 질문을 받아왔다. 그리고 질문들에 대한 때론 단편적인 답변을 제공할 수밖에 없었다. 짧은 시간 안에 작은 상담실에 마주 앉아서 건넬 수 있는 이야기에는 한계가 있기 때문이다. 그래서 지난 8년 간은 평균적으로 2~3달에 한 번씩 학부모 간담회를 통해 전반적인 영어 교육의 본질에 대한 이야기를 전달해 왔다.

나의 견해가 완전하다는 생각을 버리고 상대방의 시각을 이해해서 생각을 보완하려는 자세로 25년간 두 번의 영어교육 석사과정, 영어 학원 원장, 영어 교재 개발자 그리고 영어 학원 컨설턴트의 길을 걸어왔다. 현재도 직영 어학원 두 곳을 운영하며 영어 학원 컨설턴트 일과 함께 '영어책 읽는 아이들을 위한' 영어 교재 기획에 최선을 다하고 있다. 그리고 이제는 내가 가장 잘 알고 있는 이야기들을 필요한 사람들과 나누고 싶다. 이를 통해 내 아이 영어교육에 진심인 학부모님과 내 학생들의 영어교육에 열정적인 선생님들이 점차 학생들의 영어 교육 여정의 전체를 볼 수 있는 큰 시각을 여는 데 도움이 되고 싶기 때문이다. 과거에 그랬듯이 이 과정에서 나 역시 성장할 것을 기대한다.

사실 이 책은 영어 독서법에 대한 이야기가 아니다. 필요한 만큼 읽고, 원하는 결과를 내는 내 아이 맞춤형 영어 독서와 쓰기 프로그램을 설계하는 가장 현실적인 방법에 대한 이야기이다. 입시에서도 좋은 결과를 보장하는 내 아이의 영어 교육 여정 디자인에 대해 말한다. 내 아이 영어교육에 대한 확고한 철학을 갖기 위해, 단 한 권의 책을 읽어야 한다면 이 책이었으면 하는 마음으로 핵심만을 담기 위해 노력했다. 결과가 아닌 과정 중심으로 개인별 목적에 근거한 유연한 선택을 이어 나갈 수 있어야 가능한 일이다. 최소한의 몰입을 위한 2년의 시간을 확보하려면 학부모님들이 불안해하는 포인트를 이해하고 그들의 언어를 재해석하여 내가 가장 확실히 알고 있는 것들을 제대로 전달할 수 있어야 한다. 내 아이만을 위한 영어교육 로드맵은 어디에도 없다. 스스로 유연하지만, 현명한 선택을 이어 나가야 한다. 답은 연결성에 있기 때문이다.

직접 코칭을 통해 3,000명 이상 되는 다양한 성향과 영어 학습 이력을 가진 학생들을 만나왔다. 직영 학원과 더불어 내가 만든 프로그램과 교재를 사용 중인 학원들을 통해 더 많은 학생의 이야기를 듣고 있다. 공통적으로 영어 독서는 영어를 막 시작한 학생들에게는 부담 없이 영어에 익숙해지는 발판이 되고, 학습 정체기를 겪는 학생들에게는 새로운 도약의 기회를 제공하며 상위권 학생들에게는 원하는 시험을 통과할 수 있는 마지막 열쇠가 되어주고 있다. 이에 따라 영어 독서, 그 자체로 강력한 도구임을 다시금 깨닫게 되었다.

어느 사교육 기관의 설문조사에 따르면, 학부모의 75.8%가 자녀가 현재 영어책을 읽고 있다고 답했다. 특히, '영어 교육 방식 중 하나로 시작했다'는 응답이 40%, '영어 실력 향상에 도움이 될 거라는 추천 때문'이라는 응답이 33.3%로 나타났다. 이는 학부모들이 영어 독서와 영어 실력 향상 간의 연관성을 인식하고 있음을 보여준다.

모국어에서도 꾸준한 독서를 통한 문해력 향상이 강조되고 있는 요즈음이니까 어렴풋이나마 책을 읽는 것이 중요하다는 것에는 동의하시리라 생각한다. 최근에는 학부모님들 또한 언어 교육에 있어서 독서교육이 얼마나 중요한지 깊게 공감하시고 적극적으로 참여하신다. 동시에 대한민국의 교육 문화를 변화시킬 수 없더라도 내 아이만큼은 직접 코칭하고 가르치겠다는 학부모님들의 움직임이 학습 전반에서 일어나고 있다.

iB(i-Bridge)프로그램에서는 영어를 처음 시작하는 학생들에게는 영어 독서가 얼마나 흥미로운 대상인지 소개해 주고 학생들의 실력이 발전되어 감에 따라 영어 독서를 기반으로 한 말하기와 영작 실력 향상을 위한 훈련을 제공한다. 교재가 아닌, 원어민들이 실질적으로 사용하는 표현을 다양한 상황을 통해 만나면서 어느새 학생들의 영어 실력이 훌쩍 향상될 것을 기대하셔도 좋을 것이다. 단, 가장 경계하고 있는 것은 영어 독서 기반의 교육을 제공한다고 하면서 영어 원서 자체를 문제집처럼 분량적으로 많은 독후활동 문제와 함께 제공하는 것이다. 왜냐하면 진정한 영어 독서의 힘은 아이들이 스스로 생각을 정리해 보고 배열해 보는 과정에서 오기 때문이다. 즉, 갇힌 질문이 아닌 열린 질문에서 온다.

외국어로 하는 독서라니 좀 멋져 보일 수 있는 일이지만 학생들이 단계별로 또는 개인적 성향에 따라 갖고 있는 장애물들은 다양하다. 예상된 장애물들을 미리 함께 치워주고 더 나아가서는 학생들 스스로가 뛰어넘을 수 있도록 이끌어줄 수 있다면 충분하다. 영어 원서를 기반으로 생각을 키우는 수업이 영어 실력 향상에 도움이 된다는 것을 알고 있지만, 임계점을 넘지 못하고 현실적인 이유로 돌아서는 아이들을 볼 때면 안타깝다.

내가 운영하던 영어도서관은 인근 초등학교 세 곳에서 한 반에 5~6명씩 다닌다는 소문이 날 정도로 수강생이 많았다. 이곳을 찾는 학생들은 파닉스를 막 뗀 초보부터, 영어도서관과 어학원을 병행하는 학생, 국제학교나 외국인학교에 재학 중인 학생, 해외 거주 경험이 있는 학생들까지 매우 다양했다.

영어책만 읽는다고 영어가 되지는 않는다. 다만 어떤 시점에 영어책을 제대로 읽은 아이들만이 고급 영어를 구사할 수 있게 된다. 대치동 아이들에게도 부모님의 적극적인 서포트와 함께 5년이 소요되는 과정을, 파닉스를 뗀 아이들은 2년 그리고 이제 영어를 시작하는 아이들은 3년 이내에 마스터 할 수 있도록 구성하였다.

어느 한 사람의 성공담이 아닌 다양한 영어 수준과 환경을 가진 학생들을 대상으로, 지난 8년의 기간 동안 개인별 맞춤형 iB(i-Bridge)프로그램을 제공하고 실천하며 수정 보완 되었다는 점에서 그 의미가 있다. 어쩌면 다소 길다고 느껴질 수도 있고 때로는 강조를 위해 비슷한 표현이 반복될 수도 있겠지만 만약, 누군가 이 책을 꼼꼼히 읽어 내려가며 행간의 의미까지 가져간다면 나의 지난 경험치들이 고스란히 전달될 것으로 생각한다. 그리고 제시된 '영어교육에 대해 가장 자주 하는 질문들'에 대한 '내 아이 맞춤형 해답'을 찾을 수 있을 것이다. 가능하다면 독자들과의 소통을 통해 더 깊은 이해를 도울 생각이다.

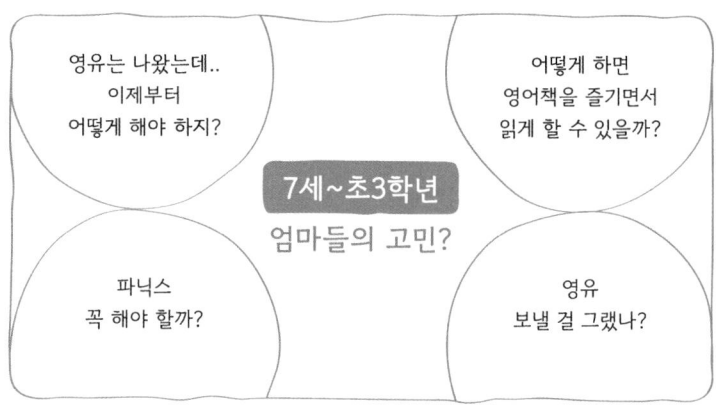

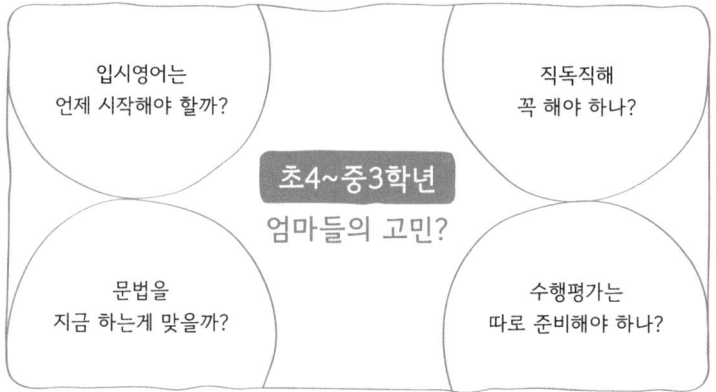

영어 교육에 대해 가장 자주 하는 질문들

결국, 입시의 척도가 되는 것은 '읽기 능력'

영어에는 네 가지 핵심 스킬, 즉 듣기, 읽기, 말하기, 쓰기가 있다. 이 중 가장 중요한 스킬을 하나만 꼽으라면, 나는 주저 없이 '읽기'라고 답할 것이다. 듣기와 말하기는 자연스러운 언어 노출을 통해 비교적 쉽게 향상될 수 있지만, 읽기와 쓰기는 원어민조차도 별도의 노력을 기울여야 늘어나는 영역이다. 특히, 읽기 능력은 점수의 객관화가 용이하고, 언어 전반에 대한 이해도를 측정하기에 적합하다. 많은 영어 시험이 읽기 실력 측정에 높은 비중을 두는 것은 어쩌면 당연한 일이다.

영어를 모국어 습득 방식으로 어릴 때부터 배워 온 아이들이나 영어책 읽기를 기반으로 언어의 정확성보다는 유창성 중심의 교육을 받아온 경우에는 어휘, 문법, 그리고 고급 독해 과정을 진행하는 데 수월함이 있다. 이미 어느 정도 채워진 병에 비어 있는 부분만 채우면 되기 때문이다. 그래서 명시적인 학습(어휘, 문법, 독해 등 정확성이 요구되는 측면의 공부)을 진행할 때 그 방법과 순서가 달라야 한다. 메타인지를 기반으로 한 교육이 아닌 강의식으로 수업을 받게 된다면 아이들은 오히려 지루함과 혼란스러움을 느낄 수 있다.

Part 1에서는

'입시에서 성공하는 영어' 그리고 '실용 영어'의 두 마리 토끼를 다 잡으려면 고민해 봐야 할 포인트에 대해 소개한다.

Part 2에서는

'내 아이의 영어교육 목적'을 정하려면 어떤 관점과 순서로 접근해야 하는지 소개하고 있다.

Part 3에서는

내 아이 중심으로,

2~3년 몰입하여 진행하며,

각자의 상황에 따라 필요한 학습을 보충한다면,

너무 쉬운 iB(i-Bridge) 프로그램을 본격적으로 소개하였다.

구체적인 결과를 확인한 후에는 스스로 평생에 걸쳐 반복하게 될 것으로 생각한다.

Part 4에서는

지난 10여 년간 영어 독서 교육을 진행해 오면서 학부모님들이 가장 궁금해했던 포인트에 대해 수준별 그리고 연령별로 소개하고 있다.

이 책에서는 지난 20여 년간의 경험과 고민을 바탕으로, 영어 몰입 독서의 본질을 유지하면서도 실질적인 학교 성적과 미래 역량을 함께 키울 방법을 제안한다.

Part 1

영어 공부의 시작부터 완성을 향하여

. . . . . .

1

언제 영어 입시 준비를 시작해야 할까

영어 입시 준비 시기는 정해져 있지 않다. 개인별 영어 학습 목표와 라이프 스타일에 따라 실행 가능한 방법이 다양하기 때문이다. 과거에는 한정된 정보를 암기하는 능력이 필요했다면, 지금은 방대한 정보를 수집·선별하여 자기 아이디어로 융합하는 능력이 요구된다. 하지만 이것은 지향점에 대한 이야기이다. 하나의 언어를 습득해 가는 긴 여정의 끝에서 자연스레 얻게 될 결과가 되길 바라는 마음으로 따박 따박 걸어갈 이유이다.

현실적으로 대한민국의 많은 아이들과 부모님들은 영어 원어민 정도의 구사 능력을 갖추게 될 것을 기대하며 영어교육을 시작한다. 그리고 유초등 시기에는 사설 학원의 입학 테스트 결과나 공인 영어 시험의 점수를 통해 아이의 성장을 확인하려 한다. 그리고 중등부터 수행평가나 내신 영어 시험이라는 학교 시험을 치르기 시작하면 학기마다 그 결과에 대해 마음을 졸이게 되기 마련이다.

영어 시험 결과에 있어 아이들은 두 번의 고비를 맞이하게 되는데 그것은 중학교 2학년쯤 되었을 때와 고등학교 2학년이 되었을 때이다. 영어 기초학력이 어느 수준이냐에 따라 달라지는데, 초등 때 영어 챕터북을 편안하게 읽을 수 있을 정도의 '영어 유창성'을 쌓아두지 못한 경우에는 중학교 2학년 때 여지없이 무너지는 영어 점수를 보게 된다. 수행평가의 경우도 매번 누군가의 도움이 필요하다. 그리고 영어 소설을 편안하게 읽어내던 아이들의 경우에는 중학교 영어 성적을 보면 별 무리 없이 수능이나 고등학교 영어 시험에서 고득점은 받을 수 있을 거라는 기대를 한다. 하지만 '정확성과 심화 학습'에 집중하지 못한다면 고등 영어에서 힘들어질 가능성이 크다.

특목고 입시를 준비하거나 특목고에 재학 중인 학생들을 가르칠 때였다.

"선생님, 도와주세요. 열심히 할 자신은 있는데 문제를 풀다 보면 시간이 모자라요. 그냥 느낌적인 느낌으로 푸는 아이들은 도대체 어떤 공부를 한 걸까요? 1등급 받는 아이들이 다른 과목 공부할 시간에 영어 문제를 풀고 있으면 답답해서 눈물만 나요."

'우리나라 영어 상위 1%'(영어 영재)라고 불리는 학생들이 내 앞에서 눈물을 흘릴 때, 안타까운 마음에 함께 눈물을 훔친 적이 많았다. 이렇듯 실력을 점수로 연결하는 일 또한 녹록지 않은 일이다.

그때부터였다. 배움의 본질과 과정을 세분화하기 시작한 것이. 나는 학생들의 영어교육 이력에 대해 아주 세세한 부분까지 살펴보며 각 개인의 기준에서 성공한 영어교육 로드맵과 아쉬운 점이 있는 영어교육 로드맵에 대한 분석을 시작했다. 부모의 입장에서 보면, 내 아이의 일이 될 때 모든 것이 불안하게 느껴지기 마련이다. 그리고 선택지가 많아 보이지만 결국 성패를 가른 것은 '기본을 이해하고 몰입하며 지속하는 힘'이었다. 내 아이의 성향, 상황, 그리고 능력 등을 근거로 매 순간 유연하고 올바른 선택을 해나가려면 꼭 필요한 역량이다.

초중등 시기에는 영어 유창성을 키우고 분량적으로 많은 인풋을 제공하는 것에 초점을 두는 것이 필요하다. 초등 고학년부터는 학습 자체보다는 자기주도학습 능력 향상을 통한 습관 형성에 중심을 두고 아이들이 스스로 계획을 세우고 실행을 해보면서 실패도 해보는 것이 좋다. 그런 과정에서 자기 자신에 대한 메타인지가 생길 수 있기 때문이다. 초등학교 시기에 필요한 분량의 학습을 마친 뒤, 중학교에서는 이를 다지고 부족한 부분을 심화 학습한 학생들은 수능 외국어 영역 시험에서 1등급을 비교적 쉽게 취득하는 것을 볼 수 있었다.

특히 상위권 학생들이 많은 지역의 고등학교에 진학할 예정이라면, 토플 공부는 필수 요건이라고 해도 과언이 아니다. 요즘 공교육 내신 시험에서도 지문이 점점 길어지고, 넝어 소실의 일부를 발췌하여 수록하는 경우가 많아졌기 때문이다. 더구나 영어 과목은 특정 범위 없이 출제하는 학교도 늘어나고 있다. 여기서 토플을 기준으로 삼은 이유는 '영어로 된 전문 강의를 이해할 수 있는 역량'을 나타내기 위한 것이지, 반드시 토플 시험을 치러야 한다는 의미는 아니다.

'아이마다 상황은 다르겠지만, 일반적인 경우 입시에 대한 큰 부담 없이 영어교육을 진행하려면 언제쯤 준비를 시작하는 것이 좋을까?'라는 질문을 받는다면 내신 시험을 치르기 1년 전쯤 종합적인 실력 평가를 통해 현실적인 계획을 세울 것을 추천한다.

중학교 1학년까지 겨울 기준, 영어 실력별 예상 수능 영어 등급

입시에서 요구되는 영어 수준의 변화

영어권 국가에 살지 않더라도 일상생활 속에서 영어를 사용하는 일이 늘어났다. 인터넷을 통해 전 세계의 자료를 참고하여 참신한 기획서를 작성하거나 더 나은 선택을 할 수 있는 시대가 된 것이다. 이에 따라 고등학교 졸업 시점까지 영어로 된 전문 지식을 읽고 이해할 수 있는 수준의 실력이 요구되고 있으며, 이는 곧 외국어 영역 수능 시험의 방향성으로 나타난다.

우리나라 영어 교과서의 독해 난이도를 살펴보면 초등학교, 중학교, 고등학교 간의 수준 차이가 크며, 고등학교와 실제 수능 지문 간의 간극은 더욱 크다. 변별력을 위해 난이도가 높아지는 입시 영어에서 실질적인 읽기 훈련과 유창성을 쌓지 못한 학생들의 설 자리는 점차 좁아질 것이다. 이 과정에서 제대로 된 영어 독서가 답이 될 수 있다. 학생 개개인의 라이프 스타일에 맞추어 영어 사용 환경에 꾸준히 노출시키고 체계적인 영어 독서를 실천하는 것이 바람직하다.

영어 학습 도구로서의 '영어 독서 교육'의 시작

'영어도서관'이라는 형태의 사설 어학원이 한국에 처음 들어온 것은 특목고 열풍이 한창이던 때였다. 특목고 교사들이 해외 교육 사례 연수를 통해 영어 독서 프로그램의 필요성을 느꼈고, 이를 본교에서 시행한 뒤 학생들의 영어 실력이 단기간에 향상되는 사례가 보고되었다. 이 프로그램은 점차 여러 학교로 확산되었고, 이후 사교육 형태로도 자리 잡아 일반 학생들에게도 그 기회가 열리게 되었다.

누구나 어린 시절부터 영어를 배우지만, 중급 이상의 실력으로 성장하는 학생은 소수에 불과했다. 그 원인으로 두 가지 문제가 특히 부각되었다. 바로 양질의 인풋 부족과 실제 영어 사용 기회의 부족이었다.

1 양질의 인풋 부족

원어민 강사와 수업하더라도 학생과의 원활한 소통이 어려울 때, 원어민은 학생이 이해하기 쉬운 단순한 언어로 대화를 시도하게 된다. 이에 따라 학생들은 영어다운 영어를 듣고 경험할 기회가 줄어들게 된다. 같은 맥락으로 영어 독해 문제집의 정답은 맞힐 수 있지만 실제로 영자신문이나 영어로 쓰인 인터넷의 정보를 정확하게 파악할 수 있는 학생들은 적다.

② 실제로 영어를 사용할 수 있는 환경의 제한

영어 읽기나 쓰기 실력을 향상하기 위해서는 의도적인 노력이 필요한데, 영어를 실제로 사용할 기회가 적다. 이는 자전거 타는 법을 배웠으나 실제로 타 본 경험이 없어 페달을 밟는 것조차 두려워지는 상황과 같다.

'사설 영어도서관'은 영어 독서 활동을 통해 이 두 가지 문제를 효율적으로 해결할 수 있었다. 이러한 이유로 영어 독서를 기반으로 한 사교육 형태의 '영어도서관'이 등장했다. 다수의 학부모님이 사교육 형태의 '영어도서관'을 선택하게 되었는데 영어도서관은 영어가 모국어인 아이들이 읽는 원서를 음원과 함께 구비하고, 학생별로 읽을 책을 선정해 주었다. 학생들은 책을 읽은 뒤 간단한 요약문을 작성하고, 영어가 유창한 교포 선생님과 1:1 북토크를 진행하며 배운 내용을 실제로 말해 보는 연습을 했다. 영어 원서 읽기를 통해 양질의 인풋이 가능해지고 북토크를 통해 자기 생각을 영어 말하기와 쓰기로 풀어내는 연습이 가능해진 것이다. 대부분의 학생은 2년 정도의 체계적인 영어 독서 경험을 통해 스스로 영어책을 선택하고 읽는 안목을 키우며, 영어 독서에 대한 거부감을 줄일 수 있다.

스티븐 크라센은 "어떤 시점에서는 영어 독서 교육이 절대적으로 필요하다"라고 주장했다. 나 역시 영어 학습 경험을 종합해 볼 때, 영어 독서가 초중등 영어와 고등 영어의 간극을 잇는 유일한 도구라고 믿는다. 그 이유는 다음과 같다.

1. 실질적인 읽기 연습의 필요성

단편적인 공부로 지식을 배운다 해도 이를 실제로 활용할 수 있는 연습이 부족하다. 강의식 수업과 영어책을 읽는 것 중 어떤 방법이 충분한 '실질적 읽기 연습'을 가능하게 할까? 제대로 된 방식으로 진행된다면 영어 독서는 학생들로 하여금 스스로 생각하고, 읽고, 그리고 생각을 표현할 수 있는 기회를 제공한다.

2. 주니어 시기에 적합한 영어 학습 방법

초·중등 시기의 학생들은 언어 자체뿐 아니라 세상에 대한 배경지식이 부족한 경우가 대부분이다. 그리고 이 배경지식의 차이는 가정마다 아주 큰 차이를 보인다. 또한 인지적 한계로 인해 스킬 중심의 전략적 학습의 효율이 미미한 경우가 많다.

그러나 영어 독서를 기반으로 한다면 아이들이 높은 수준의 언어를 자연스럽게 접하고 익히는 데 효과적이다.

결국, "영어 독서만 하면 영어가 된다"라는 단순한 공식보다는 "어떤 시점에서는 영어 독서 교육이 절대적으로 필요하고 이를 통해서만 고급 영어를 위한 발판을 만들 수 있다."라는 관점이 더 현실적이다.

영어 독서를 기반으로 한 프로그램을 운영하면서, 중등 이상의 학생 중 영어 리딩 레벨이 4점 이하인 경우 입학을 허가하지 않은 적도 있었다. 당시에는 입시 학원이나 과외를 통해 통 암기식 수업을 하면 충분히 더 나은 내신 성적을 얻을 수 있으리라고 생각했기 때문이다. 그러나 지금은 중학생에게 영어 독서를 반드시 하라고 강력히 권하고 있다. 고등학생이라도 영어 초기 단계의 챕터북을 편하게 읽지 못하는 수준이라면 영어 독서를 시작해야 한다. 이제는 단순 암기로 해결할 수 있는 고등 영어 시험이 거의 없기 때문이다. 영어를 유창하게 읽고 이해하려면 최소한 영어 챕터북을 편하게 읽을 수 있는 실력이 반드시 필요하다. 입시 영어의 출발선이 바로 챕터북 읽기라고 생각하는 이유가 여기에 있다.

입시는 그 시대의 인재상을 반영한다.

입시는 시대적 인재상의 변화와 맥락을 함께해왔다. 영어 교육 역시 시대적 요구에 따라 다양한 교수법이 성행하고 사라지며, 때로는 재유행하기도 했다. 70~80년대에는 영어로 된 글을 읽고 이해하는 능력을 중시해 문법과 독해 중심의 교수법이 주를 이루었다. 이후 90년대에는 글로벌 비즈니스가 증가하고 해외여행이 보편화되면서 영어 말하기를 강조한, 영어를 영어로 배우는 교수법이 대세로 자리 잡았다. 세계가 일일생활권으로 좁혀지고 해외 유학을 떠나는 학생 수도 증가하면서 영어의 실질적인 역할이 더욱 커졌다.

이제는 실시간으로 전 세계의 소식을 확인할 수 있고 그를 기반으로 다양한 비지니스가 생겨나면서 정보의 양이 방대해지고 정보의 속도도 그 어느 때보다 빨라졌다. 따라서 제대로 된 정보를 바탕으로, 비판적으로 사고하고 이를 기반으로 창의적인 결과물을 도출할 수 있는 탐구형 인재가 그 어느 때보다 필요하다. 최근에는 ChatGPT와 같은 생성형 AI의 등장으로 영어를 통한 일상적인 의사소통뿐 아니라, 영어로 된 전공 텍스트를 읽고 이해하거나 방대한 인터넷 자료를 분석하는 작업까지 AI가 대신해 줄 수 있으리라는 기대가 높아졌다. 그러나 정보 선별과 활용은 AI만으로 해결되지 않는다. 글로벌 인재가 되기 위해서는 일상 수준의 영어능력, 그 이상이 요구된다.

· · · · · ·

2

초등학생이 토플을?

대한민국의 영어 시험 난이도는 꾸준히 상승하고 있다. 특목중과 특목고의 입학시험, 내신 영어 시험, 그리고 대학 수학 능력 시험 외국어 영역에서 우수한 점수를 얻으려면 토플 수준의 영어 실력이 필수적이다. 단순한 시험 점수를 넘어서, 전문적인 영어 텍스트를 이해하고 비판적으로 사고하며 자신의 의견을 논리적으로 표현할 수 있는 능력을 요구받는다.

토플 시험은 원래 영어를 외국어로 배우는 학생들이 영어권 대학에 입학하기 위해 필요한 영어 실력을 평가하는 시험이다. 하지만 요즘 아이들은 어릴 때부터 자연스럽게 영어를 접하는 경우가 많아, 이 수준에 도달하는 방법도 다양해졌다. 따라서 토플 시험 자체를 목표로 삼기보다는, 올바르게 영어를 학습하며 실력을 쌓아가는 과정에서 일정 시점에 자신의 영어 역량을 확인하는 도구로 활용하는 것이 더 적절하다. 학습 자체가 문제가 되는 것은 아니지만, 연령과 수준에 따라 집중해야 할 포인트가 다르다는 점을 이해하고, 개인별 특성을 고려한 맞춤형 가이드가 필요하다.

모든 학습이 즐겁기만 해야 할까?

어느 초등학교 3학년 학생이 떠오른다. 영어 단어 암기를 힘들어하던 아이였는데, 어느 순간 단어 학습을 즐기게 되더니 이렇게 말했다.

"선생님, 어휘집에서 봤던 단어가 《Warriors》(고양이 전사들, 아이가 슬쳐 읽던 영어 원서)에서 나왔어요! 해리포터에서도 나왔어요! 너무 신기해요."

아이의 신난 모습에 한참 웃었던 기억이 난다. 아이들이 자기 효능감을 느끼게 되면 학습에 집중하고 더 나아가 즐기는 모습을 자주 볼 수 있다. 특히나 유초등 시기의 아이들에게는 칭찬과 같은 긍정적 피드백이 강력한 동기부여의 수단이 된다.

언어는 즐겁게 배워야 하고, 좋아하는 책을 읽으며 학습해야 한다는 의견에 전적으로 동의한다. 하지만 때로는 이런 질문을 던지게 된다. "무엇이 선행되어야 할까?" 그 답은 상황에 따라 다르다.

영어 독서를 즐기고 자신의 생각을 영어로 표현하며, 초등학생 시기에 이미 토플 고득점 수준의 영어 실력을 갖추는 것은 많은 이들이 꿈꾸는 이상적인 목표일 것이다. 그러나 현실은 내 아이의 학습 상황이 아닌, 세상의 기준에 잠식되는 경우가 많다. 아이를 코칭하는 선생님과 학부모가 자신감을 가지고 명확한 판단 기준을 세우고, 필요할 때 유연하게 수정한다면 생각보다 어렵지 않게 해결할 수 있다. 어쩌면 너무나 자연스러운 과정일지도 모른다.

토플에서 고득점을 받는 수준은 CEFR 기준으로 B2, C1 레벨에 해당한다. 이는 영어로 된 정보를 이해하고 표현할 때 언어적인 어려움을 거의 겪지 않는 수준을 의미한다. 요즘 아이들은 어릴 때부터 영어를 접하는 경우가 많아 초등학교 4, 5학년 무렵에는 이 수준에 도달하는 경우도 있다.

> "아이들을 얼마나 시켰길래 벌써 웬만한 성인보다 높은 점수를 받는단 말인가?"

이런 반응을 보이는 사람도 있다. 하지만 절반은 맞고, 절반은 틀리다. 점수만을 목표로 공부한 결과라면 아이가 영어에 흥미를 잃거나 학습 자체를 거부하게 될 가능성이 크다. 반면, 자연스럽게 영어책을 읽으며 행간의 의미를 이해하고, 글이 술술 읽히게 된 상태에서 시험을 치렀다면 이러한 성과는 오히려 즐거운 과정의 결과물이다. 아이들이 더 안전하고 즐겁게 배울 수 있도록, 학부모와 선생님들이 기준점을 명확히 하고 이를 유연하게 조정하며 지도해 나간다면, 영어 학습은 모두에게 긍정적인 경험이 될 것이다.

교육 과정 설계의 기준 : CEFR(유럽연합 공통언어 표준 등급)

아이의 영어 실력과 읽기 수준을 확인할 수 있는 지표는 무수히 많다. 그중에서 CEFR이라는 기준은 놓쳐선 안 되는 지표이다. CEFR Common European Framework of Reference for Languages 은 국제적으로 공인된 언어 능력 평가 기준으로, 언어 실력을 여섯 단계(A1~C2)로 나눈다. 이 기준은 유럽 내 학교나 대학에서 표준으로 인정받으며, 외국어 능력을 공식적으로 증명할 방법으로 널리 사용된다.

CEFR Common European Framework of Reference for Languages 의 이해

외국어 수준	제2외국어 수준		
Starter	Basic User		Independent User
관찰 과정 Prep	입문자 Beginner	초급자 Elementary English	중급자 Intermediate English
영어를 외국어로 배우는 환경으로 듣기나 읽기를 통한 꾸준한 입력이 중요하다. 학습자의 배경지식이나 성향 그리고 학습방법 등에 따라 영어를 습득하는 속도에 큰 차이를 보이기도 한다.	영어 입문 수준으로 일상생활에서 친숙한 표현이나 기초 구문들에 대하여 이해할 수 있고 사용이 가능하다. 간단하게 자기소개를 할 수 있으며 어디에 사는지, 무엇을 알고 가지고 있는지 등과 관련한 개인적인 것들에 대하여 묻고 답할 수 있다. 익숙한 구문을 사용하여 상대방의 정보 파악을 위한 질문 등 기본적인 의사소통이 가능하다. 상대방이 말을 천천히 정확하게 하도록 하고 다른 이에 도움을 받아 소통할 수 있다.	보다 자세하게 자기소개를 할 수 있으며 날씨, 취미, 직업 등의 주제에 대해 간단히 이야기하고 익숙하고 반복적인 문제에 대해서는 직접 정보 교환도 할 수 있다.	일상생활과 관련된 다양한 주제에 대하여 명확한 관점을 이해하면서 간단히 이야기할 수 있으며, 자신이 생활이나 여행 중 필요로 하는 일과 상황들에 관련되어 기본적인 업무를 수행할 수 있으며 경험, 희망, 꿈 등에 대하여 그 이유나 설명과 함께 간단히 남에게 설명해 줄 수 있다.

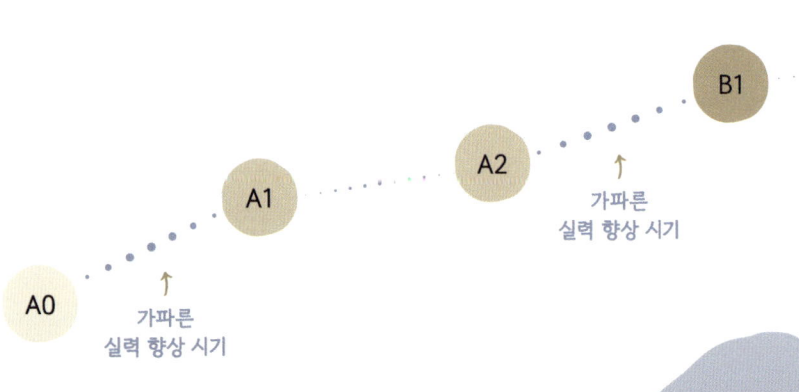

원어민 수준

Proficient User

중상급자
Upper-Intermediate English

명확하거나 추상적인 주제 공히 복잡한 내용의 논점을 이해할 수 있고 생활과 연관된 다양한 주제에 대해서 비교적 주저함이 없이 정확히 표현할 수 있다. 학사 과정에서 영어로 학업을 진행하거나 특정한 주제에 관해 자신의 입장을 설명할 수 있다.

고급영어
Advanced English

생활과 연관된 광범위한 주제 뿐만 아니라 학업과 작업 환경 있어 격식과 비격식 표현을 구분해 자신의 생각을 논리적으로 표현할 수 있다.
폭넓은 요구사항들과 함축적 의미들도 이해가 가능하고 머리 속에서 적당한 표현을 찾기 위한 시간 소요 없이 즉각적이고 유창하게 스스로의 생각 표현이 가능하다.

원어민
Proficiency

원어민 수준의 영어 사용 능력. 영어를 사용하는 데 전혀 어려움을 느끼지 않으며 원활하게 의사소통을 할 수 있다.
복잡한 환경에서도 감춰진 의미 파악이나 정보들의 요약 정리가 가능하다.

B2 · · · · · · C1 · · · · · · C2

↑
기끼린
실먹 맣성 시기

· · · · · ·

3

영어를 배운 지 여러 해가 지났는데…

　영어를 가르치다 보면, 처음에는 아이가 영어로 한두 마디 말하거나 알파벳을 몇 개 알아가는 것만으로도 크게 감동하게 된다. 그래서인지 아이들이 처음으로 파닉스를 마치고 책을 소리 내어 읽기 시작할 때 눈물을 흘리는 학부모님들을 종종 보게 된다. 그러나 천재 같던 내 아이가 어느 순간 평범하거나 부족한 모습으로 보이기 시작하면 부모의 마음은 크게 무너진다.

어린 나이에 영어를 접한 아이들은 영어를 배운 지 1, 2년 이내에 첫 번째 영어 레벨테스트라는 관문을 마주하게 된다. 파닉스도 제대로 챙기지 못한 아이들이 더듬거리며 읽는 모습을 보면 부모의 마음이 답답해질 수밖에 없다. 어떤 경우에는 아이가 영어책을 읽지 못한다는 이유로 학원 입학 자체가 거부되기도 한다. 반면 교육열이 높은 학군지에서는 7, 8세 아이들이 주니어 토플 시험 준비 경험이 있어야 상위 레벨에 배정될 정도로 높은 수준의 시험을 치르게 된다.

옆집 엄마의 정보에 귀를 기울이기도 하지만, 냉철히 생각해 보면 초등학교와 중학교 아이들은 아직 시험 결과에 많은 변수가 존재하는 나이다. 아이를 다 키워보지 않은 옆집 엄마나, 자신의 경험만을 바탕으로 조언하는 사람들의 이야기는 비판적으로 받아들일 필요가 있다. 설사 아이를 다 키운 선배 엄마의 말이라 하더라도 내 아이에게 그대로 적용된다는 보장은 없다. 세상은 빠르게 변하고 있으며, 사회가 요구하는 인재상 또한 계속 바뀌고 있다. 과거에는 옳았던 정보가 현재에는 맞지 않을 수 있다. 이런 점을 생각하지 않고, 기분에 따라 학습 방법을 자주 바꾸거나 변화를 주면, 학습의 일관성이 깨지고 아이의 실력 향상에 방해가 될 수 있다.

영어교육에 성공한 아이들은 무엇이 달랐을까?

효과적인 학사 운영을 위해 커리큘럼이 존재하고, 아이들은 다양한 영어 시험에 꾸준히 노출된다. 그러나 실력은 비례적으로 향상되지 않고, 계단식으로 성장하는 모습을 보이는 경우가 많다. 이러한 어학 능력의 특성을 이해한다면, 아이의 실력을 평가할 최적의 시점이 따로 있음을 알 수 있다. 또한, 학원 레벨테스트는 단순히 반 편성을 위한 도구일 뿐, 반드시 정확한 실력 측정 도구가 아닐 수도 있음을 인지하면 조금 더 평정을 유지할 수 있다.

결국, 영어교육에 성공한 아이들의 공통점은 '꾸준히', '한 방향으로', 그리고 '될 때까지' 걸었다는 것이다. 입시가 요구하는 임계치를 넘은 아이와 넘지 못하고 더 좋은 방법과 교재를 찾아 헤매는 아이의 차이라고 보인다.

내가 운영하는 어학원은 영어도서관과 어학원 프로그램을 함께 운영하며, 두 프로그램 간의 연결성을 강조한다. 덕분에 학생들은 따로 토플을 준비하지 않아도 2~3년간 집중적인 학습 기간만 있으면 다음 임계치를 자연스럽게 넘는 사례를 자주 보여준다. 어떤 학부모는 단순히 플라시보 효과를 기대하며 4~5년간 꾸준히 학원을 보내기도 한다. 그러나 나 또한 모든 순간이 성공적이었다고 말할 수는 없다. 언어 교육의 특성상 기다려야 하는 시간이 분명히 존재하기 때문이다. 하지만 전문가의 의견에 대한 지속적인 신뢰를 보내며, 자녀의 성향과 주어진 환경에 대한 객관성을 유지하는 경우에는 모두 원하는 결과를 얻을 수 있었다. 결국은 자신만의 컴포트 존 Comfort Zone 을 벗어나서 임계점을 넘을 수 있었느냐에 따라 성공과 실패는 나뉜다.

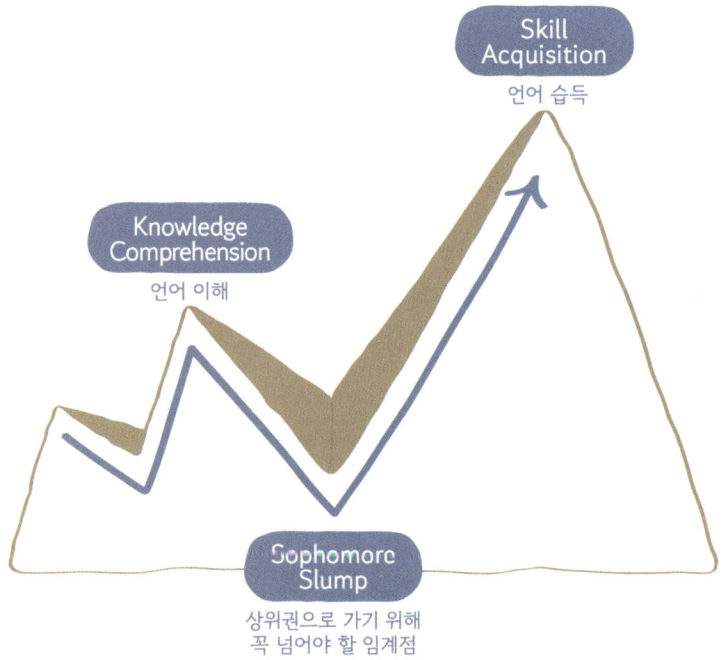

기술 습득 이론(Skill Acquisition Theory)

기술 습득 이론을 적용해서 언어 학습의 효율을 높이기 위한 핵심은 다음과 같다. 충분한 연습이 필요한 만큼 개인별 역량의 한계를 벗어나 임계점을 넘을 수 있을 정도의 체계적이고 꾸준한 노력이 필요하다.

1. **단계적 접근** : 학습 과정에서 학습자의 수준에 따라 명시적 규칙 학습, 연습, 자동화 단계를 구분하여 지도하는 것이 효과적이다.

2. **연습의 다양성** : 다양한 맥락에서 반복 연습을 제공함으로써 학습자가 기술을 더 넓게 적용할 수 있도록 돕는다.

3. **피드백 제공** : 즉각적이고 구체적인 피드백은 학습의 질을 높이는 데 핵심적이다.

영어권에서도 '4학년 읽기 슬럼프 Fourth Grade Reading Slump'라는 말이 있을 정도로, 제대로 읽고 정확하게 이해하는 것은 결코 쉬운 일이 아니다. 이해 comprehension 가 전부라고 생각하고 학습을 시작했지만, 완전히 내 것으로 만드는 것 skill acquisition 은 또 다른 도전임을 깨달았을 때의 낭패감은 상상하기 어렵다. 이는 마치 산봉우리가 눈앞에 있어 금방 닿을 것 같지만, 아무리 걸어도 가까워지지 않는 경험과도 같다.

언어를 배운다는 것은 복잡한 과정을 수반한다. 학생들은 초기에 문법과 어휘 규칙 등을 명시적으로 배우게 되고 반복을 통한 연습을 한다. 여러 번 반복하게 되면 점차 규칙을 자동화하여 말하기, 쓰기, 읽기, 듣기와 같은 언어 사용 기술을 유창하게 수행할 수 있게 된다. 이 과정에서 상호작용, 피드백, 그리고 적절한 과제가 중요한 역할을 한다. 즉, 직접 사용 환경에 노출되는 연습을 통해서만 타겟 언어가 습득된다는 것이다.

영어 독서 교육 연구를 시작한 이유는 '아이들이 영어에서는 길을 잃지 않는 교육'을 만들어 보고 싶다는 포부 때문이었다. 지난 10여 년간 다양한 학생들의 성장을 지켜보았다. 특히, 리딩 레벨테스트로 유명한 르네상스사의 스타 리딩 테스트 Star Reading Test를 학생들이 푸는 모습을 3,000번 이상 직접 관찰하면서, 입시에 실패하지 않는 '길을 잃지 않는 교육'의 중요성을 실감했다. 학습자들이 흔히 범하는 오류가 너무나 선명하게 보였기 때문이다. 무언가를 많이 더하지 않아도 균형이 깨져 있는 부분을 바로잡고 강점은 더 도드라지게 약점은 밸런스를 해치지 않을 범위에서만 허용하는 작업이 필요했다. 나는 운이 좋게도 사업과 교육을 병행하며 많은 학생의 성공을 지켜볼 수 있었다.

지금도 꾸준히 영어 독서를 위한 교재와 프로그램을 개발하고 있는 이유는, 모국어 방식으로 영어를 배워왔거나 영어책을 읽어 온 아이들을 위한 어휘, 문법, 그리고 쓰기 교육은 기존의 프로그램과 차별화되어야 하기 때문이다. 아이들이 걷는 길에 디딤돌을 놓아, 조금 더 즐겁고 덜 힘들게 그 길을 건널 수 있도록 돕고자 한다.

연결성에서 답을 찾다 Connecting the Dots

파닉스가 되는 학생
영어를 처음 시작하는 학생

i-1

	준비	1단계		2단계		3단계
CEFR				A0		
가이드	-	읽어 주기		읽기 독립		글밥 늘이기
블루플래닛	Phonics Reader	Pre Reader 1	Pre Reader 2	Early Reader 1	Early Reader 2	Early Reader 3
CCSS	-	Pre-K	K	1	2	2
SR	-	-	-	1.1~2.0	1.8~2.2	2.3~2.8
단계별 영어독서 소요시간	1month	4months	4months	6months	6months	4months
		2months	3months	4months	4months	3months
VOCA		Sight Words		1000 Words 1~3	2000 Words 1~3	
Writing		Copy Writing		Picture Walking	Paragraph Writing	
문법		WH Questions		미국식 어법 (어순감각 Word Order)	8품사, 문장의 5형식	
클리닉		파닉스, 스피킹, 기초어휘, 기초영작문			읽기 유창성, 영작, 문해력,	
Strart		4세 시작			블루플래닛 대치동식	

2년 소요						
3년 소요						

on Level					i+1	
A1			A2		B1	B2 C1 C2
4단계			5단계		6단계	-
넓게 읽기			깊게 함께 읽기		분석적 읽기	종합적 읽기
Emerging Reader 1	Emerging Reader 2-1	Emerging Reader 2-2	Skilled Reader 1-1	Skilled Reader 1-2	Skilled Reader 2	Honored Reader
3	4	4	5	5	6	7+
2.8~3.4	3.2~3.9	3.7~4.5	4.4~5.8		6.0~10.0	10.0+
3months	9months		8months		12months	-
2months	6months		6months		12months	-
4000 Words 1~3	4000 Words 4~6		능률 어원편	워드마스터 수능	Hackers Vocabualry	
	Summarizing				Essay Writing	
중1 문법	중2 문법		중3 문법		토플 문법	
어휘, 영자신문	영문법, 영자신문, 영어논술, 영어책 출간					

3년 소요	1년 소요	3년 소요
5년 소요	2년 소요	3년 소요

Part 2

iB(i-Bridge) 영어 문해력 시크릿

. . . . . .

4

영어교육을 바라보는 프레임을 바꿔라

언어를 배우는 과정에서 '학(學)'의 영역보다 '습(習)'의 영역이 더 중요하다. 영어 실력은 시간이 지남에 따라 선형적으로 발전하는 것이 아니라 '계단식 성장'을 보이다. 이는 일정 기간 실력을 쌓으면 단기간에, 눈에 띄게 향상되는 과정을 말한다. 하지만 이러한 성장을 기다리지 못하고 단편적인 점수에만 집중한다면, 어느 순간 실력의 정체기에 빠질 수 있다.

효율적인 언어학습 모델 : 학(學) < 습(習)

　최상위 레벨을 제외하면, 대부분의 단계에서 '습(習)'의 비중이 훨씬 크다. 이는 자전거 타기를 배우는 과정과 유사하다. 자전거를 타는 방법을 이론적으로 배우는 시간보다, 직접 타보고 넘어지고, 신나게 달리면서 체득하는 시간이 더 중요하다. 그런데 왜 우리는 영어 학습을 거꾸로 해왔을까? 어학원에 다니고 과제를 하느라 많은 시간을 쏟았던 지난 시절을 돌아보면, 노력한 만큼 결과를 얻지 못했다. 그럼에도 여전히 명시적 학습의 단기적 성과에 집착한 나머지, 영어 독서의 중요성을 간과하고 있는 현실이 아쉽다.

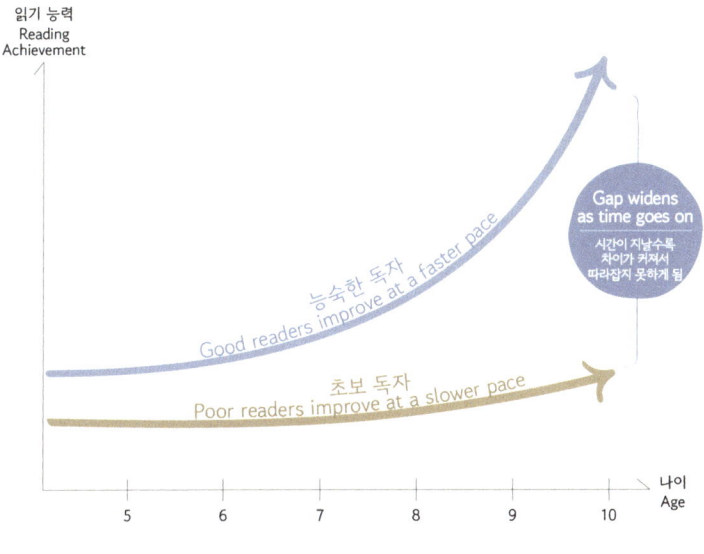

영어 독서의 복리 효과(Matthew Effect)

　지난 10여 년간 오프라인 학원에서 아이들을 코칭하며 확실히 깨달은 점이 있다. 왜 엄마표 영어를 실천하는 부모들이나 초등학생 자녀를 둔 엄마 원장들이 영어 독서 교육에 열을 올리는지 알 것 같다. 영어 독서는 흥미를 지속적으로 유지하고, 정해진 시간만 꾸준히 채워내면 자연스럽게 영어 실력을 키울 수 있는 훌륭한 도구이다. 또한, 영어 독서는 시간이 지나 누적되면서 포물선 형태의 가파른 성장을 끌어낸다. 어린아이들뿐 아니라 초등학교 3~4학년부터 중학생에 이르기까지, 영어 독서 습관을 잡으려는 노력이 끊이지 않는 이유도

Part 2. iB(i-Bridge) 영어 문해력 시크릿　63

여기에 있다.

엄마표부터 학원 표까지 영어 독서를 실천하는 방법은 다양해졌다. 하지만 영어책 읽기가 영어 학습의 도구로만 전락하는 것은 아닌지 우려하는 목소리도 있다. 나 역시 영어 동화책이나 소설을 단순히 독해 교재로 활용하는 데는 반대한다. 영어 실력 향상을 위한 독서는 영어책을 교재처럼 공부하는 것과는 다르다.

우리가 영어를 배우는 목적은 영어로 된 정보를 찾고, 영어를 도구 삼아 세계인과 소통하는 데 있다. 이를 감안할 때, 영어책이나 영어로 작성된 신문 기사, 영상 등을 통해 실력을 기르는 것이 훨씬 효과적이다. 구체적인 단계별 목표를 설정하고 이를 꾸준히 실행한다면, 우리나라 입시에서도 필요한 점수를 자연스럽게 획득할 수 있다. 이보다 더 효율적인 방법은 없을 것이다.

예를 들어, 파닉스 수업부터 시작해 2~3년간 꾸준히 쌓아 올린 영어 실력으로 아이들이 영어로 작성한 소설을 미국 아마존에 출간하고 공유할 수 있다면 얼마나 의미 있는 일일까. 이처럼 창의력과 탐구력이 필요한 작업도 결국 영어 독서 습관에서 시작된다. 아이러니하게도, 영어교육에 대한 관심과 컨텐츠가 넘쳐나는 지금이나 10년 전, 20년 전이나 근본적인 영어 실력은 크게 달라지지 않았다. 그저 조금 더 나아졌을 뿐 여전히 임계치를 넘지 못하고 영어 때문에 어려움을 겪는 학생들이 많다. 이는 안타까운 현실이다.

일각에서는 생성형 AI의 등장과 영어 절대평가 등을 이유로 영어 교육의 필요성이 줄어들 것이라 주장하기도 한다. 하지만 나는 동의하지 않는다. 오히려 영어를 잘하는 사람과 그렇지 못한 사람 간의 격차는 점점 더 커질 것이다. 그리고 그 격차는 쉽게 회복할 수 없을 만큼 벌어질 것이다. 그렇기에 우리는 영어를 더 제대로, 올바르게 배워야 한다.

언어 교육 관점의 변화가 필요하다

영어 독서의 중요성은 알지만, 시간이 없어서? 또는 독서만 하기엔 불안한 마음에? 보조수단으로 생각하고 병행의 개념으로만 생각하기도 한다. 영어 독서를 통한 교육적 효과를 기대하기 위해서는 평생에 걸쳐 지속되어야 한다는 것을 알기에 지레 포기하거나 고학년이 되었는데도 가시적인 효과를 내지 못하면 돌아서게 된다. 결국은 '시간 부족' 그리고 '우선순위에서 영어 독서가 밀리게 되는 것'이 가장 큰 실패 요인이다. 이런 문제점을 자주 마주하게 된 나는 나의 브랜드를 설계할 때, 내 브랜드의 방식으로 딱 2년만 몰입한다면 영어 독서 교육의 핵심은 가져갈 수 있도록 설계하였고 그것이 iB(i-Bridge) 프로그램이다.

'영어'라는 언어를 배움에 있어 다수의 학부모가 마지막 목적지의 모습으로 기대하는 것이 수능 영어 시험 1등급이기 때문에 마음이 조급해지는 것은 아닌지 돌아볼 필요가 있다. 내 아이가 상위 6~10% 안에 들고 수능 영어 1등급을 받을 거라는 가정 자체가 틀린 것이라는 것은 특목고 재학생의 숫자와 그들 중 수능 영어 1등급을 받는 비율을 보면 알 수 있다. 뼈 아픈 현실이더라도 곰곰이 생각해 볼 포인트이다. 그리고 아이들이 집중적으로 학습할 수 있는 기간은 길어야 20대 이전의 시간 중 2~3년 정도이다. 유초등학생의 경우에는 지금 진행하는 '집중학습'의 실효성이 얼마나 될까?

나도 처음에는 그냥 초보 선생님이었다. 그런데 돌아보니 나를 만났던 아이들은 그때부터 모두 본인이 원하는 결과를 얻었다. 나는 아이들에게 무조건적인 신뢰를 보내었으며, 때로는 단호하게 지도하였다. 늘 공부가 즐겁고 행복하지 않아도 아이들은 나와 나눈 시간 그 자체에 대한 즐거움으로 함께 걸어주었다. 딱 2년이다. 이 정도의 시간은 내서 '영어 독서를 중심으로! 소리 먼저! 유창하게 쉽게 읽히도록!'이라는 명확한 목표 지점을 향해 나아가야 한다. 이 시기를 놓치면 현실적인 이유 때문에 다시 돌아올 수 없는 길이지만, 중학교 1학년까지는 빠르면 빠른 대로 느리면 느린 대로 좋다. 한번 몰입의 과정을 거쳐 간 아이들은 그 이후에 병행의 의미로 가볍게 가져가도 된다. 그러나 단 한 번은 반드시 제대로 된 훈련 과정을 거쳐야 한다.

영어 독서 교육 100배 활용법

영어 지식보다는 영어 독서가 중심이 되어야 한다.
초등 1~2학년까지는 잘 읽는 아이와 못 읽는 아이의 차이가 커 보이지 않지만, 읽기가 자동화된 후, 아이들의 어휘량은 폭발적으로 증가하게 되어 초등 5~6학년이 되면 이미 그 간극은 채우기 힘들다.
많이 읽어서 의미 덩어리를 인식할 수 있어야 아이들의 뇌 속에 청크를 찍는 템플릿이 생기고 무한 반복 생산이 가능해질 수 있기 때문이다.

어설픈 정확성보다는 유창성이 중요하다.

인간의 뇌는 덩어리로 읽는데 의미의 덩어리가 커져야 술술 읽을 수 있다. 여러 단어를 한 번에 아이스크림 스쿱에 담듯이 묶어서 읽고 이해하는 연습이 필요하다. 이때, 쉬운, 이해할 수 있는 텍스트를 반복적으로 읽는 것이 도움이 된다.

제대로 듣고 소리 내 읽기로 시작해야 한다.

언어 지식은 소리 -> 문자 -> 의미의 순으로 발달한다. 먼저 귀로 들어서 소리를 알게 되고, 문자를 '읽는 속도' 이외에도 '억양', '표현', '적절하게 끊어 읽기' 등 필요한 요소를 고려하여 유창하게 읽을 수 있게 된다.

· · · · · ·

5

영어교육, 밸런스가 중요하다

학습에서 단계별로 이상적인 '학습(學)'과 '습득(習)'의 비율은 서로 다르다. 영어를 처음 시작하는 단계에서는 의미 있는 노출을 통해 영어를 습득하는 데 큰 비중을 두어야 한다. 반면, 영어 실력이 높아질수록 적절한 시점에서 필요한 학습이 병행되어야 한다. 그러나 최상위 레벨에 도달하지 않은 이상, 영어 독서와 같은 습득 중심의 활동에 훨씬 더 많은 시간을 투자해야 한다. 영어 독서가 학습의 중심이 되고, 학습서는 이를 보조하는 역할을 해야 한다.

영어 사교육의 대표적인 형태인 어학원은 보통 일주일에 약 6시간 정도 수업을 제공한다. 한 반의 인원은 대개 6명에서 15명 정도로 구성되며, 강의식 수업이 중심이 되는 경우가 많다. 이에 따라 학생들이 학습할 기회는 있지만, 영어를 자연스럽게 습득할 시간은 턱없이 부족하다. 학생들이 영어 독서를 하지 못하는 가장 큰 이유는 바로 '시간 부족'이다.

이 책에서 논하는 '영어 실력 향상을 위한 영어 독서'란, '의미 있고 꾸준한 다독'과 '필요에 따른 학습'이 결합된 형태를 의미한다. 나는 아이들의 영어 학습에 다리를 놓아준다는 의미로 iB(i-Bridge) 프로그램이라는 이름을 붙였다. 우리나라의 영어 교육은 정독 위주의 학습에 익숙하며, 발췌독 중심으로 구성된 교과서를 통해 영어를 배운다는 점을 감안해야 한다. 따라서 다독이 강조되는 경우가 많지만, 성공적인 영어 실력 향상을 위해서는 다독과 정독의 균형을 유지하고, 학습 단계별 비율을 적절히 조절하는 것이 더욱 중요하다.

예를 들어, 엄마표 영어 독서로 영어책만 읽어 온 아이가 있다면 부족한 부분을 보완하기 위해 집약적 학습이 필요할 수 있다. 하지만 대다수의 학생은 영어 독서가 부족하므로 읽은 내용을 유기적으로 연결해 이해하는 능력이 부족한 경우가 많다.

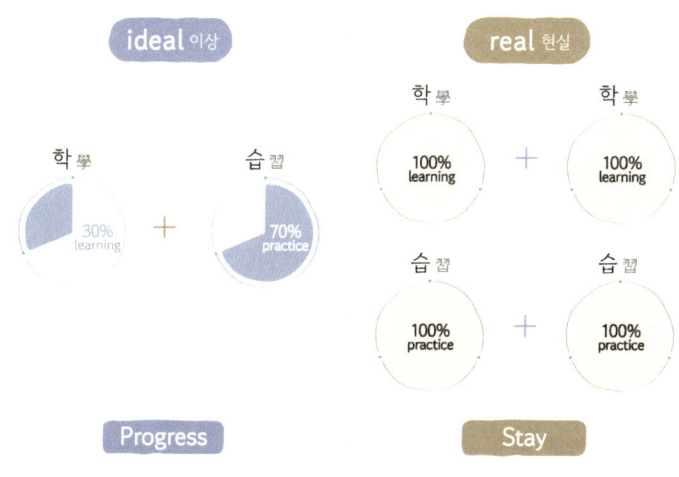

현실 : 이상적인 언어 학습

요즘 아이들은 유 초등 시기에는 독서를 많이 하지만, 정작 더 복잡한 이야기에 흥미를 느끼고 읽어야 할 시기에는 시간 부족으로 독서를 멀리하게 된다. 이에 따라 글을 읽고도 행간의 의미를 파악하지 못하는 경우가 많으며, 이는 고등학생이 되어도 개선되지 않는 경우가 있다. 고등학교 1학년 학생 중, 길고 복잡한 글을 정확히 이해할 수 있는 비율이 5% 미만이라는 통계도 있을 정도다. 이는 영어 독서의 중요성과 이점에 대해 다시 한번 깊이 고민해 볼 필요가 있음을 보여준다.

내 아이 영어교육 밸런스를 확인할 때 고려해야 할 두 가지

1 내 아이의 현재 위치 파악

전체 영어교육 여정에서 내 아이의 현재 위치를 확인해야 한다. 영어 독서를 기준으로 한다면, '영어 공부를 위한 영어 독서'의 끝점을 해리포터 시리즈로 설정할 수 있다. 이것은 분량, 언어 난이도, 그리고 대중성을 기준으로 한 것이다. 이후 단계는 영어를 배우기 위해서가 아니라 생각의 확장을 위한 독서로 이어지는 경우가 많다.

마라톤에 비유하면, 내가 어디까지 달려야 하는지에 따라 적절히 멈춰 점검할 지점을 정할 수 있다. 따라서 내 아이의 나이, 현재 위치, 앞으로 진학할 학교에서 요구하는 영어 수준 등을 고려해 영어 밸런스를 점검해야 한다.

2 기존 학습법 점검

현재 점수가 실질적인 실력을 반영하는지 점검하는 동시에 학습자의 연령에 따라 더 효율적인 영어 학습법의 선택에 대한 고민이 필요하다. 일반적으로 해리포터 수준이나 분량의 영어 독서를 할 수 있을 때까지는 학습보다는 영어 독서 중심의 습득에 더 집중하는 것이 효율적이다. 하지만 영어 독서를 선호하지 않거나 초등 고학년 이상의 학습자인데 단기적인 결과가 동기부여에 도움이 될 것이라고 예상된다면 초기 챕터북을 읽은 이후에는 습득보다 학습에 치중한 학습법을 활용해도 좋다.

문제집 풀이 위주의 학습은 효과가 오래 지속되지 않는 경우가 많다. 따라서 듣기, 이해, 표현 등 습득 활동에 충분한 시간을 투자한 후, 필요한 순간에만 실력을 확인하는 용도로 테스트 준비를 하는 것이 바람직하다. 시험 응시 시점과 목적은 각기 다를 수 있지만, 해리포터 정도를 읽은 아이들이라면 고등학교 1학년 모의고사를 경험해 보는 것을 추천한다. 표면적으로 영어 실력과 독해력이 뛰어난 아이들도 특정 유형의 문제에서는 약점을 보이는 경우가 있기 때문이다.

		응시 가능한 시험	특징
Pre-K	스토리북과 픽쳐북1	단어퀴즈 정도	즐겁게 영어에 노출하는 걸로 만족
K	리더스북	TOSEL Starter	그림 위주의 matching 문제 위주로 출제되는 수준이다.
G1	리더스북과 픽쳐북2	TOSEL Basic	간단하지만 문장 수준의 문제가 출제된다. 영어유치원을 졸업한 학생들에게는 그리 어렵지 않은 시험이며, 몇 년 전에는 G2 레벨 정도의 학생들에게는 TOSEL Junior 시험을 권했었는데 해를 거듭할수록 TOSEL 시험의 난이도가 올라가고 있다. 1급을 목표로 한다면 베이직에 도전하는 것을 추천한다.
G2	초기 챕터북과 챕터북		
G3	챕터북	TOSEL Junior ETS Primary	중학 수준의 듣기와 읽기 수준의 문제가 출제된다. 응시 전에 공부가 필요한 단계이며 챕터북 정도는 무난히 읽어내는데 그 이상의 발전은 보이지 않고, 가끔 쉬운 단어나 문법적 오류를 보이는 경우의 학생에게 추천한다.
G4	챕터북과 쉬운 소설		
G5	소설류	TOSEL High Junior TOEFL Junior IET 대원외고 경시대회	중학 후반 수준~고등학교 초반 수준의 영어능력을 요구하는 시험이며, 본격적으로 학문적인 영어공부를 시작하게 되는 레벨이다. 전반적인 시험공부를 여럿이 진행하는 것보다는 각 개인의 취약점을 파트별로 나누어서 소규모 수업을 듣는 것이 더욱 효과적이다.
G6	뉴베리 수상작		
G7+	고전소설	iBT TOEFL TEPS	영어로 강의를 듣는 수준의 영어 실력이 필요할 때 응시하는 시험이다. 개인적으로는 첫 시험에서 토플은 75점 이상 (120점 만점), 텝스는 550점 (990점 만점) 이상은 평소 실력으로 나오는 학생들이 도전하는 것을 추천한다.

영어 독서 레벨별 응시 가능한 영어 시험

· · · · · ·

6

수준에 맞는 영어 독서, 몰입의 즐거움

영어 독서는 흔히 마라톤에 비유된다. 오랜 시간 꾸준히 하는 것이 중요하다. 독서를 시작하기 전, 목적을 명확히 인식하고 단기 및 장기 목표를 설정해야 한다. 최재천 교수는 독서에 대해 "열심히 하는 것"이라고 말했다. 이는 영어 독서에도 그대로 적용된다.

유치부 때 장난스럽기만 하던 아이들이 초등학교 6학년이 되어 '작가가 되고 싶다'는 꿈을 말하는 모습을 보면 감동하지 않을 수 없다. 물론 그 꿈이 언젠가는 바뀔 수도 있겠지만, 그 여정을 함께하는 일은 언제나 뜻깊다.

영어 독서를 시작하기 전, 학부모는 자녀의 학습 환경을 점검해야 한다. "당신이 가장 빛났을 때를 떠올려 보세요. 무엇을 하고 있을 때 가장 몰입했나요? 그때의 환경은 어떤 조건을 갖추고 있었나요?"라고 하버드 경영대학원 교수이자 작가였던 로버트 S. 캐플런 Robert S. Kaplan은 말했다.

이처럼 효과적인 영어 독서를 위해서는 아이가 몰입할 수 있는 최적의 환경을 조성하는 것이 중요하다. 아이의 성공적인 학습 여정을 위해서는 이러한 환경을 의도적으로 만들어 주는 것이 중요하다. 아이의 목표를 설정하고, 그에 맞는 우선순위를 고민해야 한다.

그때그때가 달라요

"우리 딸아이가 스타 리딩 점수가 3.2인데, 잘하는 편인가요?"
"보통 이 나이대 아이들의 평균 점수는 얼마나 되나요?"

이 질문에 대한 대답은 간단하지 않다. 여러 가지 요인을 고려해야 하기 때문이다.

1. 영어를 배우는 목적은 무엇인지,
2. 언제까지 영어 학습에 얼마만큼의 시간을 투자할 것인지,
3. 아이의 성향은 어떠한지,
4. 지금까지의 영어 학습 방법은 어땠으며, 아이가 이를 어떻게 느껴왔는지,
5. 학부모가 제공한 정보가 객관적인 사실인지, 아니면 주관적인 의견인지,

이 모든 것을 확인한 후에야 정확한 답을 할 수 있다.

영어 읽기 능력은 어떻게 성장하는가?

NRP National Reading Panel에 따르면 영어 문해력 발달에 중요한 다섯 가지 요소는 다음과 같다. 음소 인식, 파닉스, 유창성, 어휘, 그리고 이해력. 이 중 일부는 명시적인 학습을 통해 훈련이 가능하다. 예를 들어, 음소 인식 능력을 높이기 위해 더 많이 들려주는 것, 파닉스 기반 읽기 연습을 하는 것, 그리고 소리 내어 읽기를 통해 읽기 유창성을 기르는 것은 훈련이 가능하다. 그러나 어휘력과 이해력은 다른 영역과 유기적인 관계가 있기에 따로 떼어서 훈련할 수 없다.

어떤 아이는 가르친 것을 쉽게 이해하지 못하지만, 어떤 아이는 하나를 가르치면 열을 깨우친다. 이는 아이가 영어를 얼마나 자주 접하는 환경에 있는지, 모르는 단어나 개념에 대해 대화를 나눌 사람이 주변에 있는지 등 외부 요인에 따라 크게 달라질 수 있다. 그래서 이해력과 어휘력은 각 단계에서 점진적으로 쌓아가야 한다.

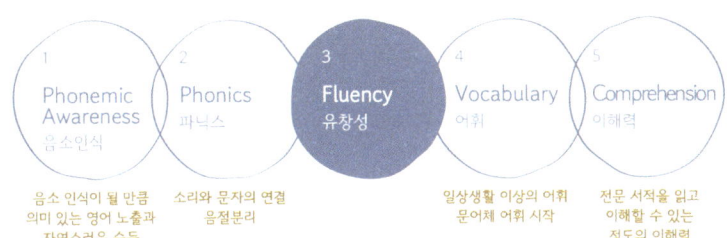

효과적인 읽기 능력 발달 단계 : 이론

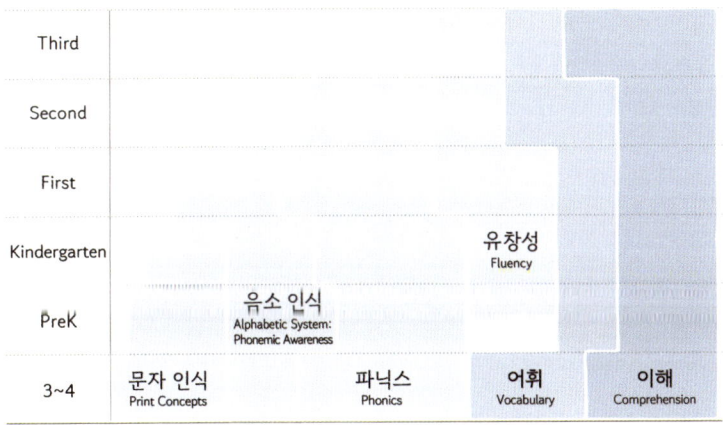

각 읽기 능력 발달 단계에서 집중할 영역

영어 읽기 능력은 서로 밀접하게 연결되어 있어 어느 한 가지라도 부족하면 유창한 읽기가 어려워진다. 따라서 영어 독서를 지도하는 일은 어렵게 느껴질 수 있다. 각 영역을 세분화하여 분석하지 않으면 부족한 부분을 알아채기 어렵기 때문이다. 문자 해독력과 언어 이해력은 읽기 이해력의 기본이다. 이 중 하나라도 '0'이 되면 읽기 이해력도 '0'이 된다.

읽기 이해력의 의미

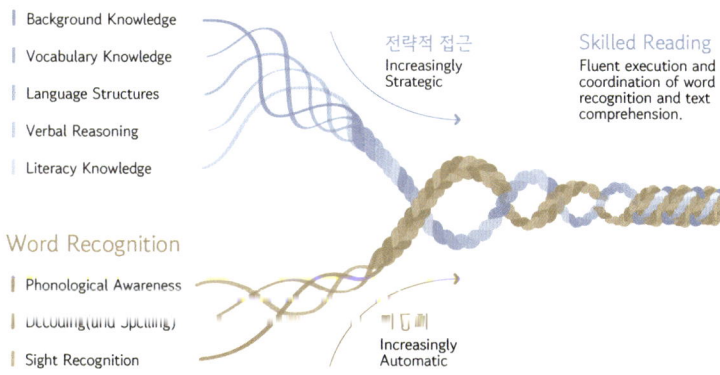

영어 읽기가 어려운 이유

영어 리딩 레벨로 아이의 영어 실력을 가늠하기에는 한계가 있다.

영어교육에 있어 레벨, 수준, 그리고 단계라고 하면 영어 읽기 능력 테스트를 빼놓고는 상상하기 힘들다. 그만큼 영어 독서 능력이 영어 능력 측정에 있어서 중요한 역할을 한다. 특히 공인 영어 시험에서는 영어 읽기 능력 테스트가 많은 부분을 차지한다.

취학 전 아동을 둔 부모를 제외하면 영어 독서 교육에 있어서 다수의 학부모님이 가장 관심을 보이는 영역은 '영어 리딩 레벨'의 지표이다. 영어 독서는 모국어가 아닌 외국어로 쓰인 책을 읽는 것이라는 점에서 영어 리딩 레벨이 중요한 지표가 되어주는 것은 사실이다. 하지만 영어 리딩 레벨로 아이의 전반적인 영어 실력을 가늠하기에는 한계가 있다. 아이의 영어 리딩 레벨에 대해 논의하느라 정작 아이가 영어 독서에 몰입할 수 있는 환경을 제공해 주는 일을 간과해서는 안 된다.

영어 리딩 레벨 테스트 결과의 정확성을 알아보기 위해서는 기간을 두고 2번 이상 반복적으로 테스트해 볼 것을 권한다. 테스트 후에는 배정받은 레벨에 속하는 책을 직접 읽고 이해도에 대한 퀴즈를 풀어보고 부모나 교사와 대화를 나누어봄으로써 제대로 적용이 가능한지 확인 절차가 필요하다. 영어 리딩 레벨 테스트 이후에 책을 고를 때는 동일 레벨의 책 중에서 그림이 많은 책, 적은 책 그리고 페이지 수가 적은 책, 많은 책 등 책의 언어적인 수준뿐 아니라 비언어적인 측면에서도 다양한 책을 보여주고 아이 스스로 골라 읽을 수 있도록 유도하는 것이 중요하다. 이것은 다양한 장르에 대한 아이의 독서 취향을 알아보는 데도 중요한 데이터로 쓰일 수 있다. 주로 도전을 좋아하는 아이들은 더 어렵고 두꺼운 책을 고르고, 쉽게 배우고 싶은 욕구가 강한 경우에는 일러스트가 많은 얇은 책을 선택하는 경향이 있다. 이를 통해 학생들의 성향을 파악함으로써 그 이후의 독서 코칭에 도움을 받기도 한다.

영어 다독은 꾸준하고, 의미 있는 입력이 중요하다. 영어 리딩 레벨을 측정하는 시스템들은 가이드의 역할을 할 뿐 절대치가 될 수는 없다. 가령, 한국어책의 경우에도 1학년 학생이 읽는 책과 4학년 학생이 읽는 책에는 내용상 그리고 어휘 수준에 있어서 큰 차이가 있지만 3학년이 읽는 책과 5학년이 읽는 책은 개인의 취향의 문제일 뿐 천천히 읽어서 아예 이해하지 못할 내용은 없다. 또한, 아이의 텍스트에 대한 이해 정도가 높다고 해서 굳이 더 어려운 책을 읽어야만 하는 것도 아니다.

왜 영어책은 어려운 것만 읽히고 싶어 할까?

아마도 어려운 책 읽기가 영어 실력 향상과 직결된다고 생각하기 때문일 것이다. 하지만 사실이 아닌 경우도 많다. 어린아이들이 영어를 잘한다고 해서 늘 북 레벨이 높은 책만 고집한다면 영어책에 대한 흥미를 잃어버릴 수 있다. 물론, 어떤 구간에서는 아이가 힘들어하더라도 견딜 수 있다면 실력보다 조금 더 어려운 영어책을 읽는 것이 필요한 경우가 있지만 대부분의 경우는 쉬운 책으로 접근하는 것이 더 결과가 좋았다.

유학생이나 국제학교 학생들의 경우 초등학교 2학년이면 두꺼운 원서를 즐겨 읽는 경우를 자주 본다. 내용상으로 복잡한 책이 아닐지라도 국제학교 재학생들의 여름 독서리스트에서 두꺼운 소설류들을 자주 볼 수 있다. 물론 판타지 소설도 많이 포함된다. 그런 이유로 아이가 해리포터《Harry Potter》처럼 두꺼운 소설책을 읽는 것이 엄마들에게는 로망이 되고 영어 독서교육의 목표가 되기도 한다.

하지만 반전은 원어민 아이들의 영어 독서의 목적 자체가 해리 포터《Harry Potter》를 읽는 것은 아니다. 누가 먼저 두꺼운 책을 읽느냐는 것은 더더욱 아니다. 챕터북부터 판타지 소설처럼 두꺼운 책들은 초등 고학년이 되어 만나게 될 인문학 서적이나 고전을 읽고 이해할 수 있는 능력을 기르기 위한 초석이 된다. 동시에 독서에 대한 흥미 유발을 위한 준비 과정이다.

결국은 내 아이가 그림책을 읽는지 챕터북을 읽는지가 그리 중요한 문제는 아니다. 누구라도 2~3년 이상 원서를 다져 읽으면 해리포터《Harry Potter》를 읽고 말문이 트일 수 있다. 물론 높은 수준의 스피킹을 위해서는 또 다른 훈련이 필요하겠지만 말이다. 우리 아이의 영어 독서의 목적은 그림책을 읽는다거나 챕터북을 읽는다거나 하는 것이 아닌 인문학 서적과 전문 서적 읽기 등 원하는 정보를 위한 읽기가 가능해지는 것이다.

원어민 아이들 중에도 리딩 레벨이 6점대 이하인 경우가 많다. 오히려 한국 아이들이 영어 리딩 레벨이 더 높은 경우도 있다. 그러면 영어 리딩 레벨이 높은 한국 아이들이 상대적으로 영어 리딩 레벨이 낮은 원어민 아이들보다 영어 실력이 더 있다고 말할 수 있을까? 반대로 해외 유학을 보냈으니, 국제학교에 다니니까 또는 영어유치원을 졸업했으니 점수화는 되지 않아도 내 아이 영어는 괜찮은 걸까? 그건 알 수 없는 일이다.

어느 정도의 영어 노출을 통해 습득이 이루어진 후 적절한 시점에 집중 몰입 독서와 학습의 기회가 주어질 때 비로소 제대로 된 문해력을 갖출 수 있게 된다. 언어는 도구일 뿐이고 모두 본인에게 필요한 공부를 해야 한다. 개인적인 영어 독서 교육의 목적에 따라 읽기 자료가 달라지고 독서 플랜도 달라져야 한다.

성공적인 영어 다독을 위해서 어떤 책을, 어떻게 읽을 것인가에 대한 계획 수립이 매우 중요하다. 그런데 둘 중 더 중요한 것을 고르라면 나는 영어 다독을 하는 방법적인 측면인 '어떻게'가 더 중요하다고 생각한다. 시중에 영어 독서법, 영어 다독법, 그리고 영어 독서로 내 아이의 영어 실력을 향상하는 방법 등에 대한 책이나 프로그램들이 많이 나와 있다. 모든 책과 프로그램들은 각각의 장점과 한계성이 있다. 한 가지 공통점이라면 한 번에 하나씩 집중적으로 진행하는 것이 실패율이 낮다는 것이다. 영어교육 비전문가가 영어 독서 코칭을 할 경우에는 더더욱 코칭 과정과 자료를 단순화할 필요가 있다.

쉬운 책으로 시작하라

"이 책 우리 아이에게 너무 쉬운 것 같은데요?"
"이 책은 유치원 때 보던 책이에요."

레벨테스트(간단한 모의수업의 형태로 입학시험을 진행하는데 편의상 '레벨테스트'라고 칭하기로 한다.) 결과에 불만족을 표하던 학부모님들 중 몇몇은 첫 수업을 한 후 아이가 집에 돌아가면 이런 내용의 전화를 주신다.

영어 읽기 레벨이라는 개념과 영어 북 레벨은 단번에 이해하기는 어려운 개념이기에 되도록 더 상세한 설명을 해드리려고 노력한다. 영어 읽기 레벨은 아이의 이해력에 대한 점수로 대부분 2.3처럼 아이가 치르는 공인 읽기 능력 시험지에 찍혀있는 숫자이다. 예를 들어, 2.3이라는 점수를 받았다면 미국 2학년 3개월 차가 배우는 학습 자료로 수업이 가능한 실력이라는 의미이다. 영어 북 레벨은 마찬가지로 2.3처럼 숫자로 표현되어 있는데 미국 2학년 3개월 차 아이들이 읽으면 좋을 학습 자료라는 의미이다. 그런데 영어 리딩 레벨과 영어 북 레벨이 일치하는 경우는 많지 않아서 부모들이 혼동을 느끼기에 충분하다. 언어 지식적인 측면이 어휘나 문법 수준은 2.3이지만 아직 영어 독서 경험이 충분치 않아서 북 레벨 2.3인 영어책을 읽기에는 긴 분량이나 복잡한 문장 등이 부담스러운 경우를 말한다. 물론 그 반대의 경우도 있다.

어떤 학부모님은 처음 4주 등원 기간동안 매일 전화 상담이 필요했었다. 아이가 레벨테스트에서 받은 영어 리딩 레벨 점수도 과거 공부 이력에 비해 낮은데, 분량적인 이슈와 이야기의 복잡성 때문에 북 레벨을 더 내린 책을 읽으라고 하니 걱정이 되셨던 모양이었다. 그동안 영어학원에 보낸 기간에 비해 아이의 실력이 부족하다고 느낀다고 하셨다. 그도 그럴 것이, 영어 리딩 레벨을 제외하고도 영어 영역별 실력 밸런스가 깨져 있었다. 한동안 그렇게 매일 친구와 수다를 하듯이 통화를 했던 기억이다. 아이는 영어 리딩 레벨 2.0에서 시작해서 영어 리딩 레벨 5.0점이 되는데 그리 오랜 시간이 걸리지 않았다. 게다가 독서를 좋아하던 아이라서 아주 단기간에 영어로 된 소설책들도 몰입하여 읽는 아이가 되어 있었다.

아이들이 보내는 신호에 민감해하라

책을 고르는 문제에 대해서 엄마의 요청에는 단호하지만, 아이의 요청에는 유연하게 대처하는 편이다. 쉬운 책만 읽으려고 꾀를 쓰는 아이들도 있지만 더 많은 절대다수의 아이는 논리적이지는 않지만, 끊임없이 자기표현을 하고 있음을 알고 있기 때문이다. 수년 간의 경험으로 알게 된 것은 '교육은 발견이다.'라는 것이다. 정답은 버젓이 보이는 곳에 있다. 다만 우리가 알아채지 못할 뿐이다.

물론 레벨 테스트를 받은 지 일주일이 지나지 않은 경우라면 객관적 데이터에 더 의존적인 것이 사실이다. 이미 레벨 테스트 당시에 다양한 각도에서 아이의 능력에 대해 확인했고 아이들의 성향에 대한 파악을 끝낸 상태이기 때문이다. 이럴 경우에는 최대한 아이를 설득할 수 있는 방법을 찾으려고 한다. 예를 들어 2~3회 정도만 선생님이 원하는 책을 읽어보자고 제안하며 아이의 이해력과 선호도에 대해 관찰한다.

일부 부모님들은 레벨 테스트 당시에는 북 레벨에 대한 욕심을 표현하지 못하시고 아이를 통해 영어 북 레벨을 올려 달라는 요청을 한다. 이럴 경우에 중간에서 아이는 스트레스를 받을 수밖에 없다. 먼저 본인의 수준에서 이해하기 힘든 수준의 책을 읽어야 한다. 그리고 낯선 선생님에게 요청하는 말을 건네는 것 자체도 부담이다. 모든 것이 낯설어 보이는 학원에 온 첫날, 처음 보는 선생님과 1:1로 마주 보고 앉아 있는데 읽은 이야기는 이해가 되지 않는다면. 상상을 해보면 왜 엄마의 욕심을 잠시 내려놓아야 하는지 이해할 수 있을 것이다.

독서 교육은 그것이 모국어이든 외국어이든 개인적 성향의 영향을 많이 받는다. 그러하기에 그룹으로 진행되는 독서 교육이라 할지라도 독서 코치에게 1:1로 코칭을 받을 수 있는 시간을 따로 마련한다. 즉, 개인별 맞춤 교육 중심이 될 수밖에 없다. 한 번의 수업을 통해서도 아이의 북 레벨이나 다음번에 읽어야 할 독서 목록을 재조정해야 하는 일이 생기기 마련이다. 내가 운영하는 학원에서는 레벨 테스트를 하는 날 다각도로 아이의 성향과 영어 수준에 대한 파악을 끝냈지만, 첫 날 수업을 한 이후에는 꼭 학부모님께 따로 연락드린다. 실제 책 한 권 이상을 다 읽고 북퀴즈를 푼 후에 영어로 대화를 나누어보니 영어 북 레벨이 적당했는지 재조정 되어야 하는지에 대한 안내를 하며 아이의 반응에 관해 묻는 것도 잊지 않는다.

초등 3학년 이하의 아이를 둔 학부모라면, 성공적인 내 아이 영어학습을 위해 하지 말아야 할 3가지

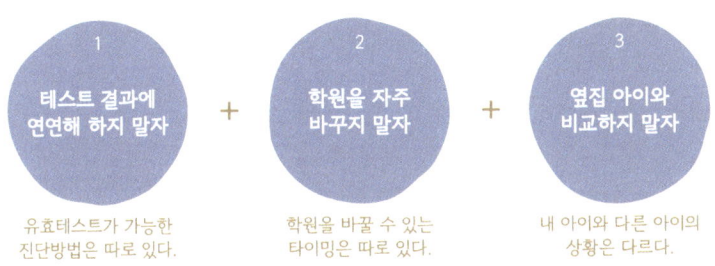

초등 3학년 이하의 아이를 둔 학부모님을 위한 제언

초등 4학년 이상의 아이를 둔 학부모라면, 성공적인 내 아이 영어학습을 위해 꼭 알아야 할 3가지

초등 4학년 이상의 아이를 둔 학부모님을 위한 제언

· · · · · ·

7

읽은 책을 요약하고 생각을 덧붙이게 하라

몇 년 후 영어도서관 원장이 되고 영어 독서를 기반으로 한 어학원의 대표가 될 것을 예상이라도 한 듯, 나의 석사 논문 주제는 '다독과 쓰기'에 관한 것이었다.

대학원 시절, 스티븐 크라센 Steven Krashen, 폴 네이션 Paul Nation, 랍 웨어링 Rob Waring 교수님들의 영향을 받아 영어 다독에 대해 더욱 심도 있게 연구했다. 대학원 또는 국내 대형 출판사들의 초청으로 해외의 영어 다독으로 권위 있는 지도자분들을 직접 뵐 기회가 종종 있었다.

대학원에서는 예비 영어교육 전공자들을 대상으로 한 영어 다독과 쓰기를 연계한 수업을 경험할 기회가 있었다. 원어민 교수님의 수업이었는데 대학원 동기 대부분이 그 수업을 최고의 수업으로 꼽으리만큼 학습자로서도 연구자로서도 사랑할 수밖에 없는 수업이었다. 그 수업이 내가 경험해 보았던 그 어떤 영어 쓰기 수업보다도 훌륭하다고 느껴져, 유사한 맥락의 수업을 직접 설계해 보고 싶다는 열망을 하게 되었었다. '공기 반, 소리 반'을 강조한 싱어송라이터이자 엔터테인먼트 회사 대표인 박진영의 말처럼, 읽고 쓰는 과정에서도 마음속에 바람이 드나드는 통로가 필요하다는 사실을 한 학기 동안의 수업을 통해 깨달았다.

아이들의 글은 일반적으로 개인적인 이야기를 풀어낸 일기나 편지 형식 또는 읽고 들은 내용을 기반으로 쓰인 독후감 형태의 것이 대부분이다. 영어 독서 기반 원서 수업에서 초반에 강조하는 것은 제대로 요약해 내는 힘이다. 아이들은 주제를 찾아내기 위해 기억을 더듬어보고 짧은 글을 완성하기 위해 기억이나 생각에 논리를 더하는 훈련을 자연스레 하게 된다. 그러는 사이 읽었던 책에서 내용상으로 좋은 것들을 흡수하는 동시에 배경지식을 쌓아 가게 된다.

안데르스 에릭슨 Anders Ericsson 은 스웨덴 출신의 심리학자로, 전문성과 탁월함이 어떻게 형성되는지를 연구한 세계적인 권위자이다. 그는 '의식적 연습 deliberate practice' 이론을 통해, 최고의 실력을 갖춘 사람들이 단순한 타고난 재능이 아니라 체계적이고 집중적인 연습을 통해 성공에 도달한다는 점을 강조했다. 이러한 관점에서, 아이들에게 충분한 사고할 공간을 제공하는 것이 중요한 이유이기도 하다.

베껴 쓰기부터 아마존에 내 영어책 발간하기까지

가장 이상적인 영어 라이팅 수업은 기본에 충실하고 내 아이에서 출발하는 수업이다. 내 아이가 심정적으로 공감할 수 있는 내용이 가장 좋고 여기에 바로 활용할 만한 어휘나 표현이 제시되어 있으면 더 좋을 것이다. 또한 내 아이의 생각이 자라게 하는 주제를 다루고 있다면 완벽해진다.

영어로 글을 잘 쓰고 본인이 생각한 바를 효율적으로 전달하기 위해서는 논리력을 논하기 이전에 읽고 들은 것을 과연 정확하게 기억하고 있는가에 대한 확인이 필요하다. 그런 이유로 다양한 독후 활동 중 하나로 요약하여 쓰기 및 요약하여 말하기를 추천한다.

실제로 다수의 연구에 따르면 선생님이 질문하는 것보다 아이들이 먼저 쓰거나 말해보게 하는 것이 더 효과적이라고 한다. 왜냐하면 쓰고 말하는 동안 아이들은 '스스로 생각하는 연습'을 하게 되기 때문이다. 스스로 생각하는 활동에는 다양한 요소들이 포함되는데 주요 세부 사항 결정하기, 텍스트 구조 이해하기, 추론하기, 그리고 주요 아이디어 종합하기 등이다. 이런 과정에서 아이들은 책 내용을 다시 생각해 보고 그 내용을 효율적으로 전달하기 위해서 이야기를 재구성해 보는 등 여러 가지 시도를 할 수 있다.

예를 들어, 주요 아이디어 종합하기의 연습 방법으로 영어 원서를 읽고 중요한 장면을 골라서 각 장면과 일치하는 문장을 베껴 쓰는 것부터 다양한 원서를 읽은 후 이야기의 구조를 보는 안목을 기반으로 영어 챕터북을 아마존에서 발간하는 창의적 활동까지 이어지게 되는 것이다.

영어 원서 수업을 통한 롸이팅 연습이 교재 학습과 다른 이유

아이들의 '처음 글'은 온통 문법석으로나 표현직으로 오류투성일 수 있다. 하지만 본인이 전달하고자 하는 이야기가 잘 전달될 수 있도록 누군가가 문법을 바로잡아주고 적절한 표현을 알려준다면 영어로 글을 쓰는 일이 분명 신나는 일이 될 것이다. 그렇게 오류를 통해 메타인지를 발휘해서 훌쩍 성장할 수 있다. 이런 이유로 패턴화되어 있는 롸이팅 교재의 사용은 최소화하고 생각을 자유롭게 기술할 수 있는 교재를 자주 활용한다. 아이들이 자유롭게 말이나 글로 생각을 표현하는 과정에서 개인의 성향이나 능력에 따라 명시적 보충이 필요한 영역이 선명하게 드러난다.

영어 독서 코치의 역할을 할 교사는 기본적으로 영어 구사 능력이 높은, 해외 거주 경험이 많은 강사를 채용했다. 또한, 학생들에게 어떻게 가이드를 해야 할지 고민하며 적절한 지도와 교육을 제공하고, 필요하다면 최소한의 교재를 활용한다. 제공하려는 교육의 종류와 목적에 따라 적합한 강사의 역량과 자격 또한 달라져야 한다.

사설 영어도서관 수업에서는 영어 읽기와 쓰기, 그리고 말하기를 다음과 같이 연결한다.

1
Vocabulary Preview
어휘 학습 & 문장 만들기

영어책을 읽기 전, 스토리의 흐름 파악을 위해 중요한 단어들의 소릿값과 의미를 확인한 후, 그 단어를 토대로 자신만의 문장을 만들어본다.

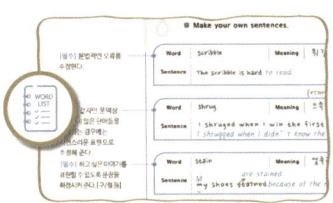

2
Listening, Reading, Shadowing
듣고, 따라 읽기

귀로 영어책 음원을 들으면서 동시에 눈으로 영어책을 읽음으로써 몰입하여 영어책 읽기를 실천한다. 레벨이나 학생의 부족 영역에 따라 듣고, 읽으며, 동시에 소리 내어 따라 읽기 과정이 더해진다.

3
Book Report
스토리 요약, 표현 확장

읽은 영어책을 토대로 Story Elements, Sequence, Compare & Contrast, Cause & Effect 등을 기반으로 요약하여 쓰기 훈련을 한다. 학생이 어려움을 느낄 경우, 요약하여 쓰기 전 Graphic Organizer를 이용하여 선생님과 함께 브레인스토밍을 진행한다.

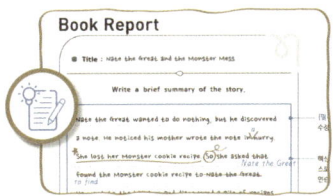

4
Book Quiz(AR Quiz)
퀴즈 풀기(RP, VP)

르네상스에서 제공하는 북퀴즈와 어휘 퀴즈를 통해 책에 대한 최소한의 이해도를 체크한다.

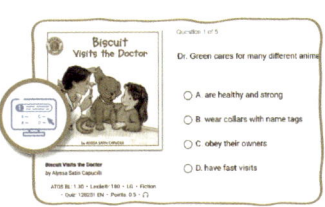

5
Book Discussion & Writing Correction
요약하여 말하기, 토론 하기

선생님과 재련 '미오 스튜디오로 '다뤄' 스토리 배경에 대한 이야기와 스토리자체 흐름에 대한 이야기를 한다. 모든 활동이 1:1로 진행되어 자연스럽게 스토리와 학생의 개인적인 경험 등을 연결해 볼 수 있는 기회를 갖게 된다. 학생이 알고 싶어 하는 어휘, 표현, 문법 등에 대한 포인트 레슨이 이루어지며 Discussion Questions를 통해 생각 확장의 기회를 갖기도 한다.

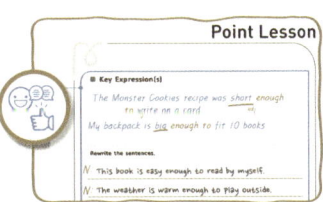

영어도서관 수업 샘플 레슨

. . . . . .

8

해외파를 이기는 비밀의 학습법

대한민국 학생들에게 듣기, 읽기, 말하기, 쓰기 중 가장 어려움을 느끼는 영역이 무엇인지 물어보면, 다수는 말하기와 쓰기를 꼽을 것이다. 초등학교 3학년부터 공교육에서 영어를 배우기 시작하고, 유치원 시절부터 영어유치원이나 방과 후 프로그램을 통해 영어를 접하지만, 말하기 영역은 여전히 큰 숙제로 남아 있다. 영어 말하기 실력을 향상하려면 해외로 나가거나 외국인에게 수업을 받아야 할까? 물론 그런 기회가 주어진다면 영어 말하기 실력이 좋아질 가능성은 커진다. 그러나 반드시 좋은 결과를 보장하는 것은 아니다. 또한, 그 과정에서 발생하는 기회비용을 고려할 때, 과연 합리적인 선택인지 신중히 판단해야 한다.

"영어책만 읽으면 영어 말하기는 어떻게 하나요?"

영어도서관에 자녀를 보내는 학부모님들 중 일부는 이런 질문을 하며, 말하기 실력이 부족할 것을 우려해 온라인 화상영어나 전화 영어, 원어민 수업 등을 추가로 시키기도 한다. 그렇다면 언제, 어떻게, 얼마나 연습해야 영어로 자신의 의견을 자유롭게 표현하고 토론할 수 있는 수준에 도달할 수 있을까?

언어 습득에서 환경은 매우 중요한 요소다. 우리나라에서 태어난 아이는 한국어를, 미국에서 태어난 아이는 영어를 배운다. 이는 누군가 의도적으로 가르치지 않아도 자연스럽게 이루어지는 현상이다. 한때, 많은 아이들이 해외 유학을 떠나거나 단기 어학연수를 기본처럼 여겼던 시절이 있었다. 어린 나이에 영어권에서 1~2년만 거주해도 유창한 영어 실력을 갖춘 모습을 보고, 많은 부모가 자녀의 유학을 고민하기 시작했다. 이처럼 단기 유학이 유행처럼 번지면서 가족이 해외로 이주하고, 홀로 남은 가장을 일컫는 '기러기 아빠'라는 신조어가 생겼다. 초등학교부터 고등학교까지 해외에서 공부한 아이들은 대개 주재원 부모와 동행하거나, 단기 유학 프로그램을 통해 최소 1년에서 최대 10년 정도 해외에 머문 경우가 많았다. 하지만 현실적인 이유로 유학을 떠나지 못하는 아이들의 상대적 박탈감이 문제가 되면서, 방학이나 한 학기 동안 참여할 수 있는 단기 영어 캠프가 등장했다. 대학생들에게도 '어학연수'는 재학 중 흔히 선택하는 과정이 되었다. 어린아이들의 경우에는 4~5살부터 영어유치원에 다니기도 하고 초등학생이 되어서는 한국 소재의 외국계 학교인 국제학교로 진학하는 경우도 많다.

그러나 영어 학원을 운영하며 강사 채용을 진행할 때, 장기간 영어권 국가에서 거주한 해외파 지원자들의 영어 실력이 기대에 미치지 못하는 경우를 자주 본다. 예를 들어, 영어권 국가에서 6년 이상 학교에 다닌 지원자 중 의사소통은 가능하지만, 읽기 능력을 평가하는 리딩 테스트에서 미국 학년 기준 5~6학년에 해당하는 수준을 보이는 경우가 있었다.

이 현상은 영어 듣기나 말하기는 환경 노출만으로도 어느 정도 습득 가능하지만, 읽기 능력이나 논리적 사고와 관련된 문해력은 별도의 훈련 없이는 발전하기 어렵다는 점을 보여준다. 실제로 부모 중 한 명이 원어민인 경우에도 충분한 소리 및 문자 노출과 영작 연습이 뒷받침되지 않으면, 읽기와 쓰기 능력은 정체되기 쉽다.

나의 경험상, 단기 유학을 계획한다면 아이가 영어 소리에 익숙해진 상태에서 기초 대화를 익히고, 원어민과의 만남에 익숙해지도록 하는 것이 좋다. 이후 초등학교 시절 몰입형 영어 독서와 간단한 글쓰기 연습을 통해 기본기를 다지고, 초등학교 3~4학년경 2년 정도 단기 유학을 보내는 것이 효율적이다. 하지만 가족의 분리와 비용 문제를 고려할 때, 국내에서도 내실 있는 영어 독서를 통해 충분히 유사한 효과를 얻을 수 있다. 실제로 국내파 학생들이 특목고에 진학 이후, 영어만 사용하는 환경에 노출되면서 듣기와 읽기 실력을 바탕으로 말하기와 표현력까지 자연스럽게 늘어난 사례가 많다. 고급 영어를 구사하기 위해서는 각자의 상황에 맞춘 단계별, 수준별 영어교육 플랜이 필요하다. 뚜렷한 목적의식 없이 해외 유학을 떠나는 것은 실질적인 도움을 주지 못할 가능성이 높다.

English Library | 01

Check Up Guide for blue planet members

안녕하세요. 블루플래닛 대표 이선은 입니다.

이 가이드를 읽으시는 여러분은 '영어 독서'의 힘을 믿으시나요?
영어를 떠나 모국어에 있어서도 꾸준한 독서를 통한 문해력 향상이 강조되고 있는 요즈음이니까 어렴풋이나마 책을 읽는 것이 중요하다는 것에는 동의하시리라 생각합니다.

최근에는 학부모님들 또한 언어 교육에 있어서 독서교육이 얼마나 중요한지 깊게 공감하시고 적극적으로 참여하고 계십니다. 대한민국의 교육 문화를 변화시킬 수 없다면 내 아이 만큼은 직접 코칭하고 가르치겠다는 학부모님들의 움직임이 학습 전반에서 일어나고 있어요.

블루플래닛은 영어를 처음 시작하는 학생들에게는 영어 독서가 얼마나 흥미로운 대상인지 소개해주고 학생들의 실력이 발전되어감에 따라 영어 독서를 기반으로 한 말하기와 영작 실력 향상을 위한 훈련을 제공합니다. 교재가 아닌, 원어민들이 실질적으로 사용하는 표현들을 다양한 상황을 통해 만나면서 어느새 학생들의 영어실력이 훌쩍 향상될 것을 기대하셔도 좋습니다. 단, 제가 가장 경계하고 있는 것은 영어 독서 기반의 교육을 제공한다고 하면서 영어 책 자체가 교재라고 느껴질 만큼 지속적으로 많은 문제를 풀게 하는 것입니다.

영어 원서 수업이 학생들에게 줄 영양분이 100%라면 90%는 저절로 됩니다. 바로 책이 하기 때문입니다. 나머지 10%가 바로 우리가 맡은 역할인데요. 100% 중 10%라고 하면 보잘것없어 보일 수 있겠지만 사실이 10%가 0%가 되는 순간 학생들은 아무 것도 얻어갈 수 없습니다. 10%는 바로 아이들이 다음 책을 꺼내 들 이유를 만들어 주는 것이기 때문입니다.

학생들은 노는 것만 좋아할까요? 쉬운 것만 좋아할까요? 그렇지 않습니다. 외국어로 하는 독서라니 좀 멋져 보일 수 있는 일이지만 학생들이 단계별로 또는 개인적 성향에 따라 갖고 있는 장애물들은 다양합니다. 예상된 장애물들을 미리 함께 치워주고 더 나아가서는 학생들 스스로가 치워낼 수 있도록 이끌어 줄 준비 되셨죠?

어쩌면 다소 길다고 느껴질 수도 있고 때로는 강조를 위해 비슷한 표현이 반복될 수도 있겠지만 만약, 누군가 이 가이드를 꼼꼼히 읽어 내려가며 행간의 의미까지 가져간다면 저희의 지난 경험치들이 고스란히 전달될 것이라 생각합니다. 항상 학생들과의 대화를 시도하기 전에 늘 한 번 더 비기비 T고 기반 힌 빈 낼빠 부비 너 좋을 것 같습니다.

그럼 표준화되고 시스템화된 영어 독서 기반 수업의 여정을 시작해 볼까요?

blue planet

블루플래닛 영어도서관 코칭 매뉴얼 샘플

06

Preparation
- 1번 듣고 1번 따라읽기
- Book Quiz : AR 퀴즈 풀기 단계
- Tip. 학생이 퀴즈 정답률에 대해 부담을 가질 수 있습니다. 점수가 문제가 되는 경우에는 학생과 함께 풀어보면서 문제를 파악해 주세요. 이제 이 단계에서는 AR퀴즈에 대한 이해가 어려운 경우 명시적인 클리닉 수업이 필요할 수도 있습니다.

English Library | 01

Emerging Reader 1
Basic Course

레벨별 특징

Vocabulary
- 학생이 writing한 문장의 문법적 오류는 고쳐주기
  Tip. 학생의 이해와는 별개로 무조건 고쳐져 있어야 합니다.
- 학생이 writing한 문장 중 심도 있게 다룰 한 두 문장을 골라서 함께 표현 확장 연습하기
  Tip. "I get up early. I get up early every morning? 어때?" "언제 일찍 일어나? 일찍 일어나면 기분이 어때?" 와 같은 질문을 하면서 "I feel good when I wake up early." "The early bird catches the worm."까지도 확장 가능합니다.
- 각 단어의 8품사 정도는 반복적으로 주지시키기
  Tip. 간단한 문장은 만들 수 있는 반면 익숙치 않은 동사나 다른 품사 형태(주로 형용사)등이 등장하면 문장 만들기를 어려워합니다. 예시문을 제시해 줌으로써 다음번에는 스스로 문장을 만들 수 있도록 유도해주세요.
- 기초 문법 중 특히 시제에 대한 오류를 줄이는 연습하기
- 기초 영숙어에 대한 설명 필요함

Book Report & Book Question
- Title : 책 제목 쓰기의 대문자와 소문자 사용을 올바르게 작성했는지 확인하기
- Brainstorming : 간단한 명사 정도 활용해서 칸을 채울 수 있게 유도하고, 스토리를 5W1H 관점에서 생각해 보게 하기
- 요약하기
  1) 중심 내용을 확인하여 sequence에 맞는 writing 유도하기
  Tip. 책의 특정 사건을 묻는 질문과 더불어 책의 핵심 내용에 대한 질문을 통한 주요 내용 파악 및 중심 내용에 대한 sequen-cing이나 comparing, cause and effect 등 확인해주세요. (전체 스토리의 흐름에 대해 시간 순서대로 나열해보거나 기승전결 등의 부분을 나누어보는 연습)
  2) 대문자로 시작해서 썼는지, 띄어쓰기는 올바른지 마침표 등 문장 부호가 적절한지 확인하기
  3) 글씨를 깨끗하게 쓰도록 유도하기
  4) 기초 영문법에 대한 설명하기

blue planet ENGLISH ACADEMY

블루플래닛 영어도서관 코칭 매뉴얼 샘플

06

English Library | 01

Emerging Reader 1
Basic Course

Point Lesson
- 제시 문장 : 편의를 위해 책 표지를 잘 표현할 수 있는 문장 또는 AR 퀴즈 문제 중에 이해가 어려울 수 있는 표현 2개가 지정되어 있음
  Tip. 가장 좋은 방법은 단어 학습과 북리포트 확인 등을 진행하는 동안 학생과 나누었던 이야기에서 착안하여 표현 확장을 시도하는 것을 추천합니다.
- 연습 포인트
  1) 전치사구 확장을 통한 표현 연습하기
  2) 주어진 문장의 특정 품사 부분을 바꾸어 새로운 문장을 만들기
  3) writing 시 자주 틀리는 기초 영문법 고쳐주기
  Tip. 학생들이 자연스럽게 8품사에 대한 개념과 기초 영문법에 대한 개념이 생겨서 새로운 문장을 쓸 때 도움을 받을 수 있도록 합니다.
  4) 제시된 숙어를 활용한 표현이나 간단한 절을 활용한 표현 다뤄보기
  5) 새롭게 제시된 문장을 읽어보게 함으로써 스스로 습득할 수 있도록 유도하기

Word Test
- 단어 시험은 이전 수업에 배웠던 단어로 보기
- 틀린 단어는 3번씩 Rewrite 하기
  Tip. 오답 여부보다는 학생이 단어를 정확하게 읽을 수 있는지 신경 써주시고 한두 개의 스펠링 실수로 틀린 경우 함께 안타까워해주세요.

Teacher's Comment
- Book Report page에서 사용했던 문장의 동사, 명사 또는 형용사 등 품사를 지정하여 습득되지 않은 단어 복습하기
  Tip. Picture Walking & Brainstorming & Summary Writing 을 통해 강사가 추가해 준 표현이나 단어를 복습합니다. 한 권의 노트가 끝난 후에 Teacher's comment part를 읽으며 복습할 예정입니다.

blue planet

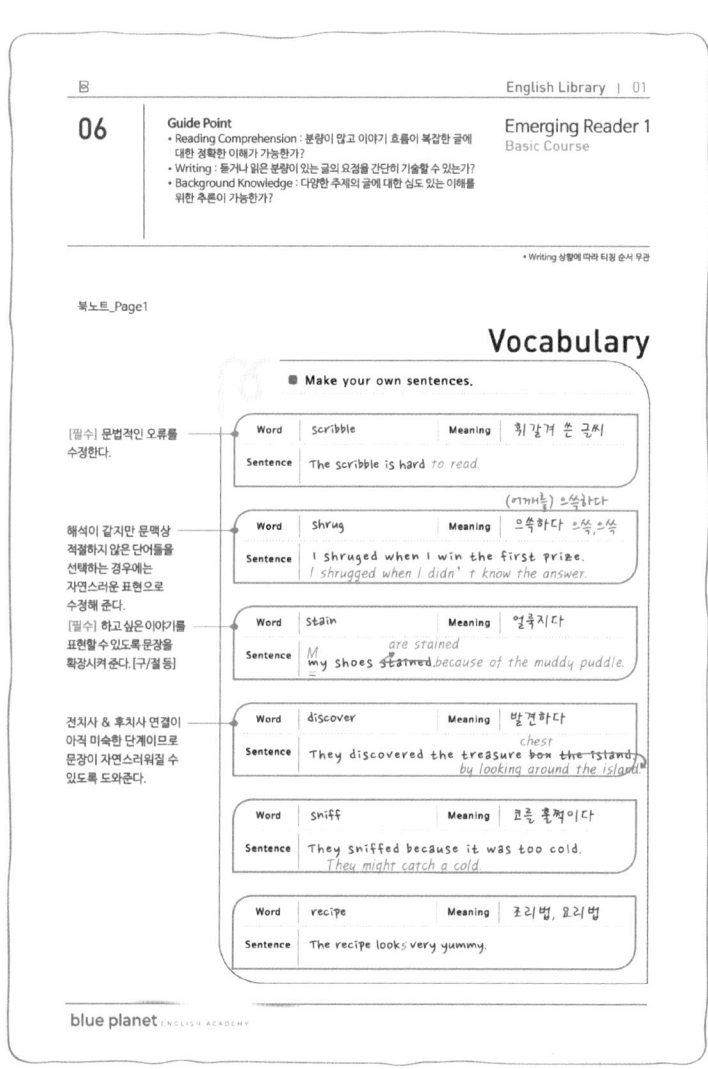

블루플래닛 영어도서관 코칭 매뉴얼 샘플

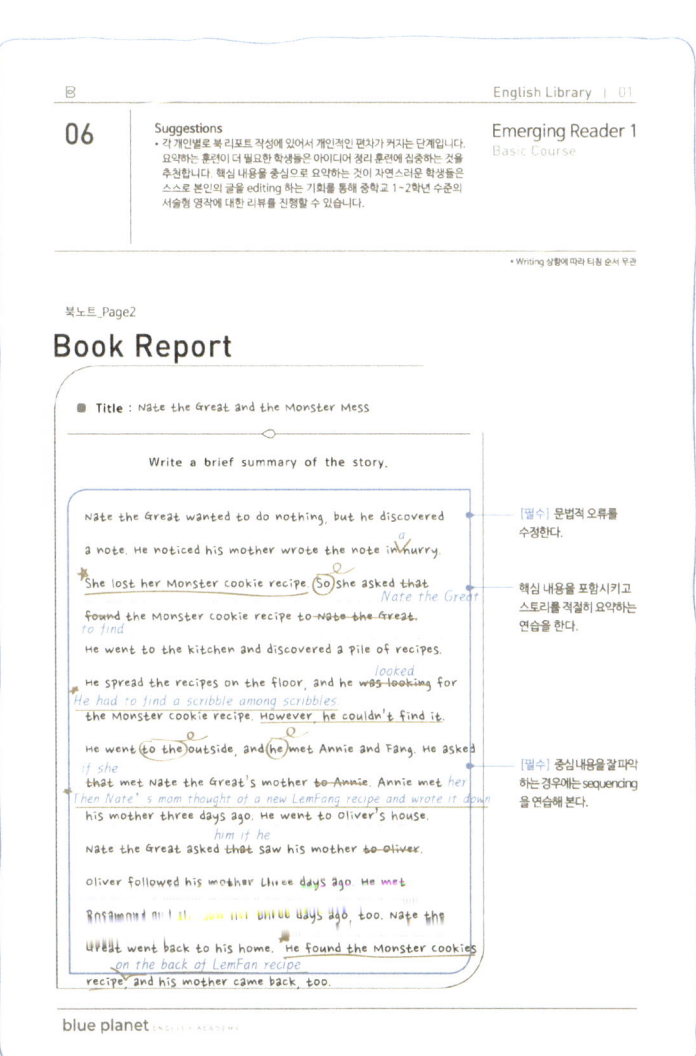

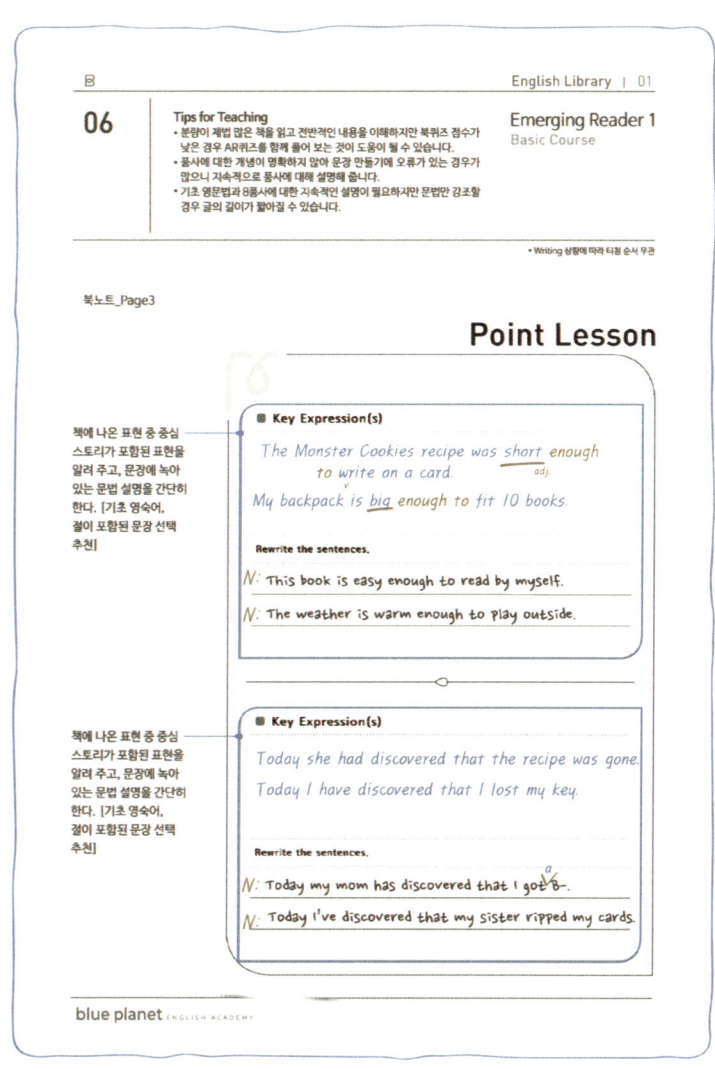

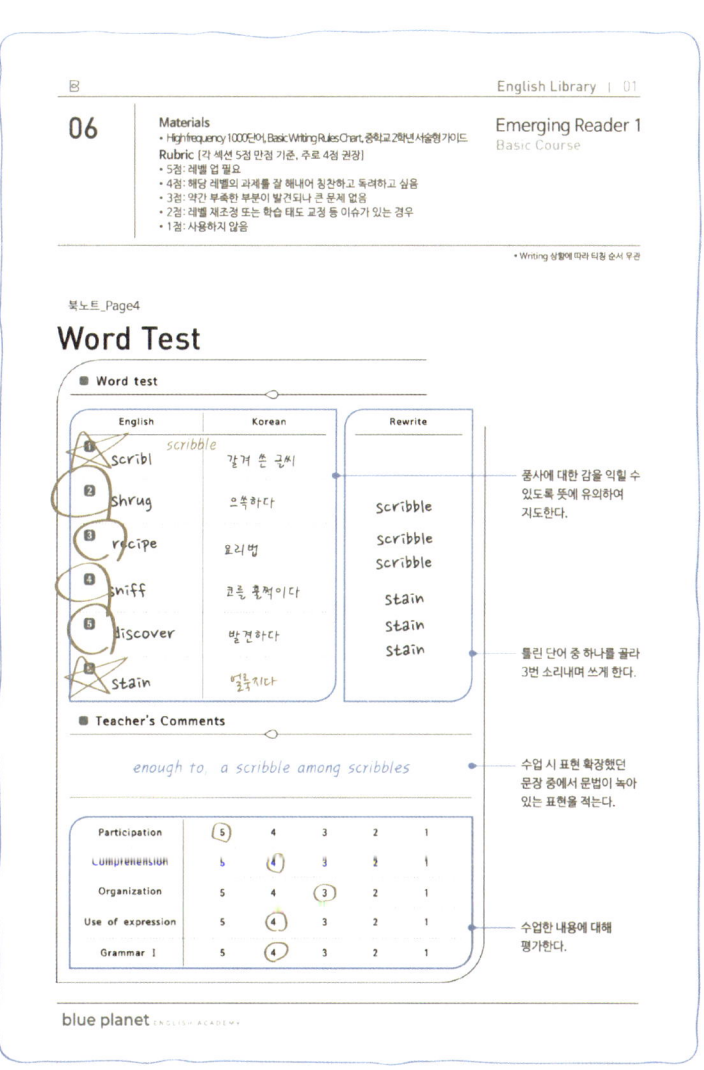

블루플래닛 영어도서관 코칭 매뉴얼 샘플

Part 3

. . . .

"미국에서 살다 왔나요?"
iB(i-Bridge) 프로그램

· · · · · ·

9

i-centered (내 아이 중심) '당연히'에 주목하라

'프로그램'이 아닌, '내 아이 중심'이라는 의미

아이의 영어 실력을 측정하기 위해 많은 부모님이 사설 영어 학원의 레벨 테스트를 선택한다. 그리고 너무나 '당연히' 시험 결과를 기준으로 아이의 영어 실력을 판단하게 된다. 하지만, 이 시험의 목적에 대해 깊이 고민해 본 적이 있는가? 다년간의 경험과 데이터를 바탕으로 전문가가 제시하는 결과는 분명 의미가 있다. 그러나 시험 결과를 제대로 해석하려면 부모가 자신의 교육 철학과 방향성을 바탕으로 분석할 줄 알아야 한다. 같은 시험이라도 해석하는 사람의 관점에 따라 결과는 다르게 받아들여질 수 있기 때문이다.

다수가 영어 학원을 옮긴 후 아이가 배정받는 반의 수준이 내려가는 경험을 한 적이 있을 것이다. 이는 학원마다 레벨 기준과 요구 사항이 다르기 때문이다. 이러한 상황이 반복되면, 아이의 영어 학습 수준이 정체될 수 있고 성장의 기회를 놓칠 수 있다.

테스트의 결과와 진짜 실력에는 차이가 있다.

영어 시험 결과를 해석할 때 네 가지 프레임으로 구분해 볼 수 있다. 첫째, 공인 인증시험은 우리가 알고 있는 대부분의 공식적인 시험들을 말한다. 아이들의 실력을 공인된 점수를 기준으로 판단하여 대략적인 실력을 가늠해 볼 수 있는 기준을 제시한다. 두 번째, 반 편성 고사는 학원의 레벨 테스트가 대표적인 경우이다. 아이들이 함께 공부할 그룹을 결정할 목적으로 치러지는 시험이다. 레벨 테스트로 공인 영어 인증시험을 활용하더라도 사용의 목적이 반 편성이라면 두 번째 카테고리에 포함된다. 수강하게 될 수업의 목적에 따라 시험 점수에 있어 차이가 있더라도 같은 그룹에 배정이 되기도 한다. 세 번째로, 진단 평가는 아이들의 강점과 약점을 파악하여 강화하거나 보완하기 위한 목적으로 치르는 시험이다. 문제집 맨 앞장에 이어질 컨텐츠 중 어느 부분에 집중해야 할지 결정하기 위해 동봉된 경우가 많다. 마지막으로 성취 평가는 배운 내용 중 아이들의 이해정도를 확인하는 형식이다. 학원에서 주로 치르게 되는 월말 평가가 여기에 속한다.

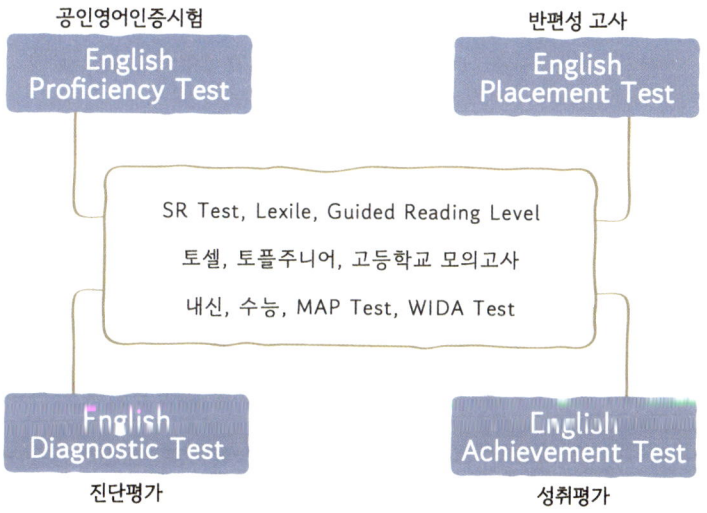

영어 테스트의 종류

사설 학원의 테스트는 주로 반을 배정하기 위한 시험인 경우가 많다. 동일한 점수를 받았더라도 아이의 영어 공부 이력, 연령, 그리고 해당 반의 재원생 수 등 다양한 요인에 따라 결과가 달라질 수 있다.

영어라는 언어를 배우는 방법과 시기가 다양해지면서 언어 학습에 거는 기대 또한 개인마다 크게 달라졌다. 각 아이의 성향도 다르기 때문에 비교 대상은 옆에 있는 친구가 아니라 자기 자신이 되어야 한다. 특정한 시점에서 다양한 시험에 노출될 수 있는데, 이때 시험 결과를 지나치게 신뢰하거나 과대평가하지 않는 것이 중요하다. 시험은 아이의 현재 실력이 긍정적인 방향으로 발전하고 있는지를 확인하는 도구로 활용해야 한다.

또한, 영어 테스트 결과가 아이의 영어 학습 이력과 심하게 불 일치하는 경우에는 조금 더 관심을 가지고 관찰해야 한다. 예를 들어, A 어학원에서 높은 레벨을 받았지만, B 어학원에서는 낮은 레벨로 배정될 수 있다. 이런 상황에서는 한 번의 결과로 속단하지 말고, 다양한 관점에서 충분한 시간을 두고 관찰하는 것이 필요하다.

대부분의 영어학원 레벨 테스트는 반 배정을 위한 시험이다. 시험 결과에 일희일비하지 말고, 아이의 실력이 성장하고 있는지, 혹은 정체 상태인지 등 대략적인 추세를 확인하는 데 초점을 맞추는 것이 좋다. 만약 영어 공부 방법을 바꾸기 위해 테스트를 본다면, 해당 테스트의 유형과 목적을 사전에 아이에게 설명해 주는 것이 효과적이다.

영어 학원 레벨테스트 결과 어떻게 해석하면 좋을까?

부모님들의 관심이 최고치를 찍는 것은 다름 아닌 아이가 7세가 되거나 8세가 되기 전 겨울이다. 그 시점이면 놀이 영어로 접한 아이들이라도 거의 만 1년에서 2년 정도는 영어 소리에 노출된 경험이 있는 경우가 많다. 그러다 보니 자연스레 체계적인 영어교육에 대한 목마름이 생긴다. 그리고 주변 학부모님들의 영향으로 다양한 선택을 하게 된다.

어떤 분들은 동일 학원에 2년 이상 다니지 말라고 얘기하는 경우도 있다. 그런데 1만 시간의 법칙을 생각해 볼 때 나는 언어교육에 있어서는 같은 학습법으로 3년 이상은 지속했을 때 최대의 효과를 볼 수 있는 것 같다. 또한 영어는 학습량에 비례하여 성장하지 않으므로 좁은 레벨의 의미보다는 조금씩이라도 성장하고 있는 추세선에 대해 더 관심을 보였으면 한다.

영어 실력 향상의 핵심은 '개인 맞춤형 학습'

영어 읽기 실력과 문해력을 함께 향상하기 위해서는 '프로그램 중심'이 아니라, 아이의 상황과 역량에 맞춘 학습이 필요하다. 언어 학습은 개개인의 배경, 흥미, 그리고 학습 속도에 따라 큰 차이가 나기 때문이다. 따라서 언어 학습에서는 '1,000명의 학생이 있다면 1,000개의 프로그램'이 필요하다는 말이 나오는 것이다.

1,000명의 학생에게 1,000개의 프로그램이 필요하다는 것은, 각 학생의 강점과 약점을 고려하고, 학습 자료와 방법을 그것에 맞게 조정해야 한다는 의미다. 학생마다 배경, 흥미, 학습 속도가 다르며, 획일적인 프로그램으로는 개인의 잠재력을 극대화할 수 없다. 그러한 이유로 진짜 전문가들은 학부모님들의 간단한 질문에 "그때그때가 다르다."라는 답변을 할 수밖에 없을지도 모른다.

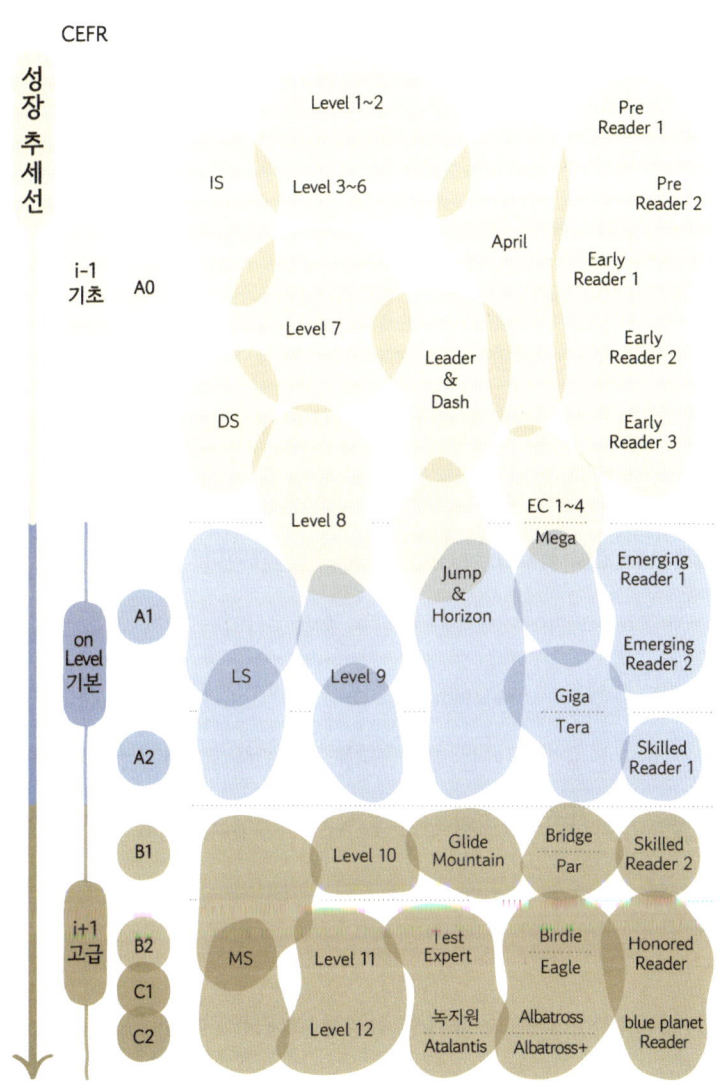

영어학원 레벨의 이해

기본을 지키기 위해 모든 것이 변해야 한다

모든 학습의 중심에는 반드시 내 아이가 있어야 한다. 영어 독서를 제대로 하기 위해서는 영어 어휘 수준 외에도 다양한 요인이 작용한다. 특정 장르나 시리즈의 스토리를 잘 이해하지만, 다른 장르를 어려워하거나, 북 퀴즈 점수는 높지만, 이야기의 흐름을 제대로 이해하지 못하는 학생들도 있다. 리딩 레벨은 높아지는데, 북 레벨은 정체되는 경우도 있다. 이는 정독이나 독후 활동 같은 꼭 필요한 과정 없이 단순히 책만 읽거나, 영어 독서 없이 문제집 풀이만 해온 경우에 발생한다. 결과적으로 학습 밸런스가 깨진 것이다.

아이들에게 영어 독서는 하루에 조금씩 시간을 정해 읽어 나가며 부족한 부분을 채워가는 간단한 작업이다. 사람에게는 많은 준비와 경험이 필요하다. 아이의 영어 독서를 성공적으로 이끌기 위해서는 교사의 세심한 관찰과 적절한 조언이 필요하다.

실패 없는 영어교육 로드맵 설정을 위해 기억할 것

사회적으로 요구되는 영어 수준은 점점 높아지고 있다. 특히 학교 시험에서 고득점을 요구하는 현실은 아이들에게 부담이 될 수 있다. 무의미한 반복 학습으로 인해 아이들이 성장 기회를 잃는 일이 없도록 해야 한다. 이를 위해 부모가 아이의 영어 학습 로드맵을 설정할 때 다음 두 가지를 염두에 두어야 한다.

첫째, 기존의 학습 방법을 완전히 뒤집지 말아야 한다.
언어 학습에는 의도하지 않았지만 자연스럽게 습득되는 부분이 있다. 정확히 이해해야 할 개념도 있지만, 처음부터 완벽하게 채워가야 한다는 부담감보다는, 밑바탕을 칠하고 비어 있는 부분을 채워가는 방식을 추천한다. 이렇게 해야 아이가 긴 영어 학습 여정을 끝까지 이어갈 수 있다. 지금까지 아이가 쌓아온 것을 존중하면서, 현재 상황과 실력을 고려해 앞으로 나아가야 한다.

둘째, 메타인지를 적극적으로 활용해야 한다.
내 아이가 알고 있는 것과 모르는 것을 구분하고, 강점은 강화하며 약점은 보완해야 한다. 이는 학생 중심이 아닌 프로그램 중심으로 진행되는 학습으로는 이루기 어렵다. 예를 들어, 아이들은 잘 알고 있는 문제에는 집중하지만, 모르는 문제가 나오면 흥미를 잃고 집중하지 못한다. 결과적으로 실력이 정체될 가능성이 높다.

이것은 언어 교육을 언제 시작했는가의 문제가 아니다. 늦게 시작했더라도 인지력과 모국어의 도움으로 빠르게 성장할 수 있다. 중요한 것은 처음부터 제대로 쌓아가며 시간을 낭비했다고 생각하지 않도록 하는 것이다. 아이가 영어 학습의 길을 잃지 않도록 돕는 것이 가장 중요하다.

결국은 내 아이 중심의 다면평가가 필요하다.

영어 독서 코칭을 위해서는 아이들에 대한 풍부한 정보가 있을수록 더 효율적인 코칭이 가능하다. 그래서 iB(i-Bridge) 프로그램에서 제안하는 테스트 모델은 다음과 같이 여러 과정을 포함한다.

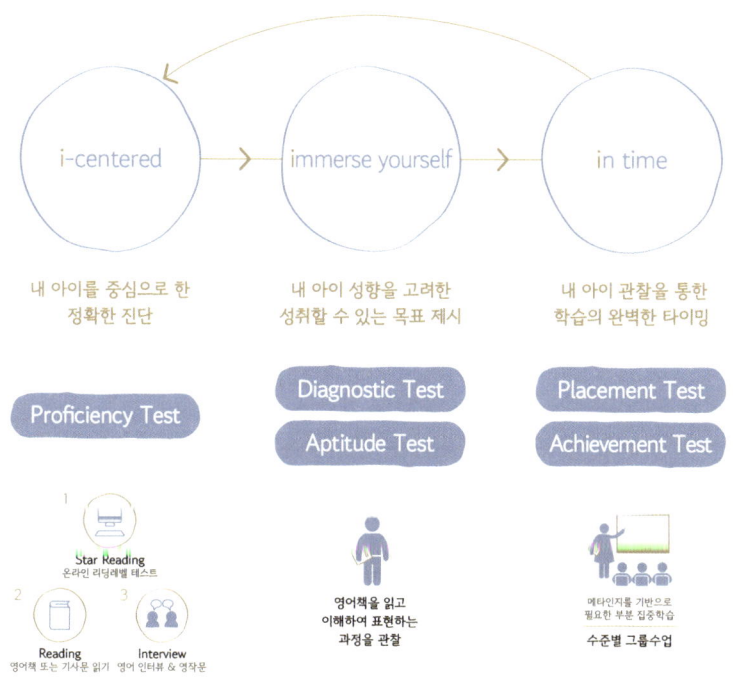

iB(i-Bridge) 프로그램에서 제안하는 모델

· · · · · ·

10

immerse (몰입) 읽고 싶은 책, 읽고 이해할 수 있는 책

좋아하는 영어책만 읽게 해야 하나요?

아이들은 이야기를 사랑하고, 좋은 사람과 함께라면 쉼 없이 재잘거리며 즐거워한다. 정확히 말하면, 이야기를 듣고 그 이야기에 반응하며 웃고 떠드는 것을 좋아한다. 그런데 무엇이 아이들이 스스로 즐기며 영어 독서로 넘어가는 데 걸림돌이 되는 걸까?

영어책을 읽는 일은 초반에는 낯설고 어색할 수 있다. 부족한 어휘 때문에 매번 유추하며 읽어야 하니 신경이 쓰이기도 한다. 하지만,

이 문제를 해결하는 가장 쉬운 방법은 같은 시간, 같은 장소에서 꾸준히 조금씩이라도 읽게 하는 것이다. 그렇게 하면 길이 열리고, 시간이 지나면서 자연스럽게 읽을 수 있게 된다. 어떤 아이는 머리 한 번 쓰다듬어주는 칭찬으로도 꾹 참고 읽기 시작했고, 또 어떤 아이는 캔디 하나를 걸고 내기를 하며 읽기 시작했다.

나는 영어 독서 자체를 싫어하는 아이는 드물다고 생각한다. 아직 제대로 시작해 보지 못한 아이들이 있을 뿐이다. 아이들은 명확한 목표가 설정되고, 자신의 능력 범위 내에서 도전할 수 있는 과제가 주어지며, 긍정적인 피드백을 받을 때 자연스럽게 몰입하게 된다.

영어 독서 수업을 진행하는 교사들에게 항상 강조하는 말이 있다. 잘 가르치는 것이 목표가 아니라는 것이다. 아이들이 다음 날에도 영어책을 읽고 싶게 만드는 것이 교사의 역할이다. 양질의 책은 이미 80% 이상의 역할을 해낸다. 교사는 나머지 20% 정도의 팁만 제공하면 된다. 영어 독서는 특별하거나 거창한 것이 아니라 자연스럽고 일상적이어야 한다고 생각한다. 교사는 계획을 세우되, 아이들의 반응에 따라 그 계획을 언제든 수정할 수 있어야 한다.

내적 동기가 강한 학생에게는 조금 더 어려운 책을, 동기가 약한 학생에게는 더 쉬운 책을 주며 일단 시작하게 한다. 쉬운 책을 주는 것이 어렵게 느껴진다면, 아이가 편하게 누워 읽기나 좋아하는 간식을 곁들이며 읽도록 하는 것도 방법이다. 이렇게 작은 변화만으로도 아이들은 더 큰 인내심을 발휘하며 영어 독서를 이어 갈 수 있게 된다.

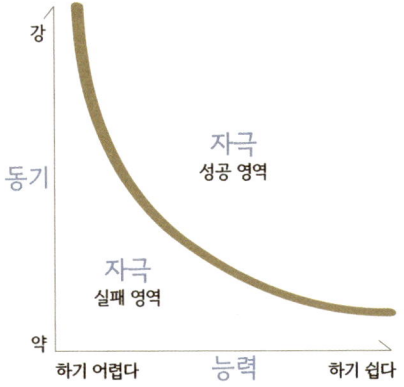

힘들어도 이겨내는 힘이 강한 아이는
능력보다 어려운 책을 읽을 수도 있다.

너무 힘들어하면
이해 능력보다 조금 쉬운 레벨의 것을,
도무지 재미를 못 붙인다면
달콤한 아이스크림을 먹는 시간을
영어책 읽기 시간으로 이끌어 주면 된다.

'꺾이지 않고 지속할 수 있게 가이드하는 것이 핵심이나.'

BJ포그의 행동 모형

BJ 포그의 책 《습관의 디테일(Tiny Habits)》은 작은 행동으로 시작해 강력한 습관을 형성하는 법을 설명한다. 이 원칙은 영어 독서 습관에도 그대로 적용할 수 있다. 한 번에 긴 책을 완독하겠다는 목표는 아이에게 큰 부담으로 느껴질 수 있다. 하지만 하루에 단 1페이지를 읽는 작은 변화는 아이가 성취감을 느끼며 독서를 꾸준히 이어갈 수 있도록 돕는다.

BJ 포그는 습관 형성의 핵심으로 B=MAP 모델을 제시한다. 행동 Behavior은 동기 Motivation, 능력 Ability, 자극 Prompt의 조합으로 이루어진다.

자극 Spark은 동기를 단기적으로 끌어올리는 데 효과적이며, 행동의 감정적 측면을 자극한다.
촉진자 Facilitator는 행동의 물리적 그리고 심리적 장벽을 낮춰 실행을 더 쉽게 만든다. 두 가지 접근법은 서로 보완 관계에 있으며, 상황에 따라 적절히 사용하면 습관 형성을 더 쉽게 만들 수 있다.

[예시]

동기가 부족할 때 : Spark(자극)

아이가 영어책 읽기에 흥미를 잃거나 어려움을 느낄 때는 Spark, 즉 즉각적인 자극이 필요하다.
좋아하는 이야기나 흥미로운 주제의 책을 고르도록 돕는다.
아이와 함께 책을 읽으며 긍정적인 피드백을 준다. 읽기 후 아이가 느낀 재미를 이야기하며 긍정적인 감정을 연결한다.
예를 들어, "이 부분 너무 재밌지 않아?"라며 즐거운 대화를 시작하면 자연스럽게 동기가 생긴다.

능력이 부족할 때 : Facilitator(촉진자)

영어책이 너무 어렵게 느껴진다면 행동의 진입 장벽을 낮춰주는 촉진자가 필요하다.
쉬운 책이나 레벨에 맞는 책부터 시작한다.
처음엔 한두 문장만 읽고, 그다음 날 조금 더 읽는 방식으로, 점진적으로 늘려간다.
영어 단어의 뜻을 미리 알려주거나, 그림과 함께 내용을 이해할 수 있도록 돕는다.
이 과정에서 아이가 "할 수 있다"는 느낌을 지속적으로 느끼게 하는 것이 중요하다.

영어 리딩 레벨은 왜 중요할까?

영어 리딩 레벨에 대한 학부모님들의 관심은 정말 뜨겁다. 그 이유를 생각해 보니 각종 어학원에서 학생들의 반 배정을 결정할 때 중요한 데이터로 활용하기 때문이다.

지금부터 10여 년 전만 해도 영어 리딩 레벨에 대한 정확한 이해를 한 사람은 별로 없었다. 당시에 나는 프랜차이즈 영어 사설 도서관을 운영 중이었는데 혼자 구글에서 자료들을 찾고 해외 논문을 찾아보며 도대체 어떤 기준으로 만들어진 것인지 궁금해했던 기억이다. 그리고 내가 알게 된 내용들을 사설 영어도서관 원장님들 앞에서 운영에 대해 발표했던 기억이 난다. 그때도 부모님들도 원장님들도 모두 최대의 관심은 어린 아이들이 어떻게 영어 독서를 진행해서 초2~초3 즈음에 주니어 토플 만점이나 성인용 토플 80점 이상을 받았느냐 하는 것이었다. 정확히는 13년 전의 이야기이다.

개인적인 호기심으로 3,000명 이상의 학생이 SR이라고 불리는 스타리딩 테스트와 SEL이라는 SR과 같이 르네상스러닝사에서 제공하는 어린아이들을 위한 시험을 치르는 모습을 관찰해 보았다.(물론 중복 학생도 많았지만 6개월에 한 번씩 정기고사를 보는 아이들과 신규로 사설 영어도서관에 입학 테스트를 치러 온 아이들을 주로 관찰할 수 있었다) 어린아이들이다 보니 점수에 성향이나 습관이 많이 반영되는 모습을 보았다.

아이들의 약점과 진짜 실력을 정확히 파악하면 단기간에 SR 점수를 2점씩도 올릴 수 있었는데 어떤 아이들은 그 훈련 이후에 정말 긴 책을 잘 읽어내게 된 경우도 있었다. 반면에 습관 형성에 실패해서 점수 상승으로 이어지지 못하는 경우도 있었다. 이 시기에 나를 거쳐 간 초등학생 아이들이 벌써 대학생이 되고 사회인이 되어서 그때를 회고하며 많은 도움이 되었다고 말해주고 있다. 중학교 1학년 이후에는 따로 영어 공부를 특별히 하지 않아도 되었고 지금 교환학생으로 가보니 본인이 영어를 잘하는 편에 속한다고 한다. 나는 그때의 경험으로 다수의 아이가 무엇 때문에 좌절하는지 어떤 부분을 고치지 못해서 영어에 실패하는지 볼 수 있었다.

영어 리딩 레벨 상승을 위한 훈련 이후에도 즉시 점수가 오르지 않은 아이들은 결국 극복한 그룹과 포기한 그룹으로 나뉘는데 극복한 경우는 학습을 배제하고 차라리 영어책을 정말 많이 제대로 읽힌 경우였다. 영어로 낭독하는 훈련과 함께 말이다. 전략으로는 접근이 어려우니 그냥 습득되게 훈련을 한 것이다. 그리고 결국 극복을 못한 이유는 부모님이 불안감을 느껴 떠난 경우이다. 꾸준히 지속한 아이들은 사춘기도 이겨내고 좋은 결과를 보여주었다.

　결론은 과정에서의 영어 리딩 레벨은 그리 중요하지 않다는 것이 나의 생각이다. 그냥 꾸준히 묵묵히 하면 오를 수밖에 없는 것이다. 아이들을 기다려주려면 부모님들이 리딩 레벨의 작동 원리에 대해 이해할 수 있어서 불안하지 않는 것이 중요하다. 입학시험 등을 위해 꼭 필요한 경우와 해당 레벨에서 6개월~ 1년 이상 정체하고 있는 경우에 선별적으로 활용이 되었으면 하는 마음으로 리딩 레벨 지수를 상승시킬 방법을 공유해두었다. 가장 경계할 것은 편법으로 리딩 레벨만 올려놓는 것이다. 그럴 경우, 한순간 영어 성적이 상승할 수 있으나 학생들의 영어 실력의 밸런스는 깨지고 만다. 한 번 깨진 밸런스를 되돌리려면 큰 노력이 필요하다. 알고는 있지만 사용하지 못하는 영어가 될 확률이 높아지는 것이다. 예를 들어, 너무 일찍 영문법을 접한 아이가 영작할 때 사용할 수 있는 표현이 줄어드는 것과 같은 결과이다.

AR(SR), GRL, 그리고 Lexile

AR(SR)

미국 르네상스 러닝사의 독서학습관리 프로그램인 Accelerated Reader에서 제공하는 레벨로, 각 도서에 사용된 문장의 길이 및 어휘수 및 난이도를 종합하여 판단한다. K부터 G12까지의 레벨로 구성되어 AR 5.3의 경우, 미국 초등학교 5학년 3개월차 정도의 수준이라고 말할 수 있다.

GRL

GRL은 Guided Reading Level의 약자이다. Fountas와 Pinnell 이라는 두 명의 학자들에 의해서 개발이 되었으며 영문 리딩 분석의 기준이 되는 지표이다. 책 수준과 글의 난이도에 따라 A부터 Z까지 레벨을 나누어서 도서에 레벨을 부여한 표라고 보면 된다. 가장 레벨이 쉬운 것이 A이고 뒤쪽으로 갈수록 책의 수준이나 단어가 어려워진다.

Lexile

Lexile(렉사일)이란 1984년 미국에서 설립된 저명한 교육연구기업 MetaMetrics®(메타메트릭스)사의 과학적인 연구를 바탕으로 개발된 독서 수준 지표를 말한다. 도서의 난이도를 BR Beginning Reader 에서 2000L까지 수치화하였고, 평가를 통해서 독자의 읽기 능력 역시 렉사일 지수로 제공한다. 렉사일 지수는 도서의 텍스트 난이도와 독자의 읽기 능력을 동일한 척도로 측정한다.
만약 700 렉사일이 나왔다면 700 렉사일의 책을 읽었을 때 95%의 이해도를 가진다는 의미이다. 그런데 사람이 어떤 책을 편안히 읽기 위해서는 98% 이상의 어휘에 대해 알고 있는 것이 중요하다. 그래서 본인의 렉사일 점수에서 -100 ~ -50정도의 책을 읽으면 좋다.

영어 리딩 레벨

미국 학년 부분을 보면 나오는 숫자가 바로 스타 리딩 테스트 레벨과 일치한다. 예를 들어, SR 3점이라는 것은 미국 학년 3학년 정도의 영어실력이라면 보면 되는데 영어레벨은 SR 3점인데 영어 북레벨 (읽고 있는 영어원서 수준)은 2.3 일수도 있다. 영어 리딩 레벨은 아이들이 한 번에 읽을 수 있는 분량적인 측면에서의 수준과 행간을 읽을 수 있는지에 대한 모국어 실력적인 부분 등을 포함한다.

영어 리딩 레벨의 종류와 활용

Grade Level AR	Fountas and Pinnell GRL	Lexile Level
K	A	-
K.5	B	-
1.0	C	-
1.1	D	100
1.2	E	-
1.4	F	200
1.5	G	-
1.7	H	300
1.8	I	-
2.0	J	400
2.3	K	-
2.6	L	500
2.9	M	-
3.0	N	600
3.3	O	-
3.6	P	-
4.0	Q	700
4.3	R	-
4.6	S	-
4.8	T	800
5.0	U	-
5.3	V	-
5.6	W	900
6.0	X	-
6.5	Y	-
7.0	Z	1000
7.3	-	1100
7.6	-	1200
8.0+	-	-

영어 리딩 레벨 대조표

영어 리딩 레벨을 측정하는 도구들은 다양하지만 몇몇을 깊게 아는 것이 더 도움이 될 것 같아서 내가 가장 잘 알고 자주 활용하는 도구 3가지를 가져왔다. 바로 AR(SR), GRL, 그리고 Lexile이다.

내가 기획하는 모든 교재나 프로그램 또는 사용하는 프로그램들은 CEFR Common European Framework of Reference for Languages 과 CCSS Common Core State Standards 을 기준으로 삼고 있다. CEFR은 언어적인 유창성 측면에서의 수준을 확인하기 위해서 그리고 CCSS는 원어민 아이들의 연령별 특성과 발달 단계를 고려하기 위해서 사용한다. 그런 이유로 자연스럽게 미국 학년 수준과 비교해서 명시적으로 사용하기 편리한 AR(SR) 기준을 가장 자주 활용하고 오랜 시간 연구를 해왔다. 그리고 최근 들어 Lexile을 명시한 좋은 교재들이 다수 출간되어 Lexile을 기준으로 우리 아이들에게 활용 가능한 프로그램이나 교재를 찾는 데 도움을 받고 있다.

사실상 특정 학생의 리딩 레벨에 맞는 영어원서를 추천해 주기 위해 선택한 기준은 AR(SR)이다. 그런데 꼭 GRL을 교차 확인하는 경우는 AR(SR) 2.0 레벨 이하의 아이들을 위한 더 촘촘한 레벨링 도구가 필요할 때이다. 경험상 AR(SR) 2.0 이하의 아이들은 아직 영어로 퀴즈를 푸는 것도 익숙하지 않고 영어 문장의 구성에 대한 이해도 많이 부족한 경우여서 GRL 레벨을 기준으로 가이드하면 확실히 더 편안함을 느끼는 것이 보였다.

효과적으로 SR점수를 향상시키는 방법은 없을까?

설문 조사를 하면 항상 나오는 질문은 내 아이의 SR 점수를 어떻게 향상하느냐에 대한 부분이다. 그 방법은 1,000명의 학생이 있으면 1,000명의 학생이 모두 다르다. 왜냐하면 영어 실력뿐 아니라 학습, 태도, 몰입력, 영어책 읽기 경험, 그리고 영어에 대한 호감도까지 아주 다양한 변인이 존재하기 때문이다.

사실 SR 점수는 0.1점 간격으로 촘촘하게 만들어져 있으나 아이들의 성적이 그에 정비례하여 향상되지는 않는다. 어린아이일수록 또한 정체하는 듯한 모습을 보이는 기간도 꽤 긴 편이다. 여기서는 영어 리딩 레벨에 국한한 솔루션을 공유한다.

구간별 SR레벨 상승 전략

K ~ 1.1

영어를 처음 시작해서 1.1 레벨까지는 사실상 아직 SR 테스트가 의미가 없는 경우가 많다. 오히려 SEL 등의 음소인지 능력과 파닉스를 확인하는 시험이 필요한 레벨이다. 하지만 들은 값이 많은 초등 저학년이나 중학년 학생들이라면 문제 유형을 설명해 줄 수 있는 코치와 함께 치러보는 것은 유의미할 수 있다.

초등 고학년 이상의 경우에는 아이가 가지고 있는 기초 역량 확인용으로 활용할 수 있으며 시험의 과정에서 코치가 학생의 성향과 오답유형을 파악할 수 있다. 사실상 시험 결괏값은 큰 의미가 없다. 시험을 치르는 동안 소리 내어 읽게 하면서 파닉스와 이해력 그리고 어디선가 본 적이 있는 단어들의 분량이 얼마나 되는지 측정하게 된다. 빠르게 이 단계에서 다음 단계로 올라가길 원한다면 명시적인 영어 학습을 하는 것이 필요하다. 사용되는 어휘의 난이도와 독해 지문의 길이가 통제된 포맷의 문제집을 풀어보는 것이 가장 보편석이나.

영어 처음 시작부터 1.2 레벨까지 오는 데는 차곡차곡 쌓아오면 1년 6개월에서 2년도 소요된다. 그 과정에서 영어에 대한 들은 값이 쌓이게 되어 다음 레벨을 이어가는 데 도움이 된다. 혹시라도 필요에 의해 이 구간에서 명시적인 학습을 한 경우라면 이어지는 6개월 정도의 기간 동안 많은 양의 영어 독서를 하는 것을 추천한다. 그렇게 밸런스를 채울 수 있기 때문이다.

1.1 ~ 2.0

아이들이 정말 신나게 책을 읽는 구간이다. 소리 내어 읽는 것은 완벽한데 해석은 되지 않는 경우가 많이 발견된다. 그래도 그저 매일 책을 읽어내고 있고 100권 읽기 1,000권 읽기 챌린지에도 참여도가 높다.

이 구간에서는 아이들이 영어로 된 짧은 텍스트를 이해하는 것도 중요하지만, 단순한 이야기책을 통해 이야기의 전개 과정을 곱씹으며 깊이 있게 생각하는 연습이 더욱 중요하다.

여기서 빠른 성장을 원한다면 영어 어휘를 암기하는 방법이 있다. 말하자면 영어 어휘 선행 학습을 하게 되는데 이 구간에 나오는 단어들은 추상 단어보다는 일상 단어가 많고 비교적 짧아서 외우기 어렵지는 않다. 학부모님들이 가장 많이 선택하는 방법은 논픽션 교재를 통한 어휘 학습을 진행하는 것이다. 일단 진행하기 부담이 없고 효과도 빠르다.

그러나 영어책에 있는 다양한 전치사구와 함께 구어체에서 자주 쓰이는 표현을 익히고 영미권 국가들의 문화에 대해 생각해 볼 기회를 잃게 되는 것이 단점이고 이 친구들이 SR 3점대 초중반이 되면 정체를 겪을 수 있다. 영어 리딩 레벨은 높은데 막상 영어 듣기나 말하기 능력이 제한적인 경우가 많고 분량적으로 긴 책을 읽지 못해서 북 레벨과 리딩 레벨이 다른 괴리감을 겪기도 한다.

1.8 ~ 2.2

SR은 CAT Computer Adaptive TEST 방식의 영어 시험이어서 학습자가 주어진 문제를 맞히면 더 어려운 문제를 주고 틀리면 더 쉬운 문제를 주면서 정확한 레벨을 찾아가는 형식으로 진행된다.

이 구간의 아이들은 간단한 단어 문제를 잘 풀고 짧은 영어 지문에 관련된 문제는 풀지만 조금만 문제가 길어지면 지레 포기하는 현상을 보인다. 괜히 두리번거리며 집중력이 많이 떨어지는 모습을 보이는 이유는 단어는 알지만 유추하기가 귀찮은 경우이다. 들어본 단어는 꽤 되지만 정확하게 알고 있는 단어는 부족하다 보니 매번 유추하며 긴 글을 읽는 것이 귀찮아서 점수화가 어려운 경우가 많다.

여기서도 어휘집을 진행하는 것이 SR 점수 상승에 도움이 되는데 선행으로 어휘를 다룬다기보다는 원래 알고 있는 단어를 복습하고 정리하는 데 더 집중하면 된다. 단, 간혹 단어를 읽을 때 음절 분리가 불안하고 정확한 어순에 대한 인식이 부족한 아이들도 있는 구간인데 심각한 문제이므로 최대한 빨리 해결할 수 있도록 하는 것이 좋다.

2.8 ~ 3.4

웬만한 영어책은 곧잘 읽어내는데 SR 시험만 치면 점수가 나오지 않아 부모님 속을 썩이는 구간이다. 이 구간에 있는 학생들이라면 부족한 학습과 습득의 영역을 파악하여 한 번에 집중학습으로 빨리 벗어나는 것을 적극 추천해 드린다.

아이들이 가진 문제는 여러 가지가 있는데 모두 너무 중요해서 하나만 해결하는 것으로는 점수 향상을 생각하기 힘들다. 어휘력, 이해력, 집중력, 그리고 정확성까지 모두 확인을 해야 한다.

선행과 복습으로써의 어휘가 섞인 복합적인 학습이 필요하고 비교적 가벼운 챕터북이나 배경지식이 있는 주제에 대한 논픽션 책을 읽는 것이 도움이 된다. 가장 편안하게 사용할 수 있는 교재는 초등 3~4학년 교과서에 나오는 주제의 짧은 읽기 지문과 함께 지문에 나온 어휘 학습 액티비티가 제공되는 형태의 교재이다.

어휘는 많이 알지만 읽기 속도가 느린 경우나 온라인으로 영어 리딩 지문을 읽을 때 집중력이 떨어지는 경우에는 미국 3~4학년 아이들을 위한 지문을 소리 내어 낭독하며 읽을 것을 추천한다. 정확한 이해가 되는 것이 확인되면 묵독으로 돌려줌으로써 읽기 속도를 높일 수 있도록 독려하면 된다.

속독에만 길들여져서 정확한 이해 없이 마음대로 해석해버리고 지나가는 아이들도 다수 발견이 되는 구간이라서 읽은 내용에 대해 요약하여 말하기를 유도하는 것도 도움이 된다.

4.4 ~ 5.8

SR에서 4점대를 넘었다는 것은 어렵지 않은 추상적인 단어를 포함하여 일상 어휘의 대부분은 제대로 알고 있다는 의미이다. 그리고 이미 긴 영어책을 읽어낼 수 있는 집중력을 갖추고 있는 경우가 대부분이다.

여기서 정체하는 아이들은 특정 유형의 문제를 잘 이해하지 못한 경우가 있어서 샘플 테스트를 통해서 몇몇 개념들을 알려주고 있다. 그리고 정확한 해석이 필요할 때 배경지식의 부족 또는 리딩 스킬의 부족으로 엉뚱한 답을 고르는 경우가 있어서 그 부분에 대한 보충 학습을 진행하는 것이 필요하다.

가정에서 학부모님이 도와주려는 경우에는 미국 4학년 미국 교과서 지문이 담긴 리딩서를 꼼꼼히 풀리면 좋다. 5점대 아이의 경우에는 종종 보게 되는 토플 주니어 교재 중 중급이나 고급 교재를 풀면서 적절한 리딩스킬을 적용하고 있는지 확인이 필요하다.

SR 점수는 몰입, 습득, 그리고 학습의 삼박자가 맞아야 상승한다. SR 5.0 이상의 수준이라면 더 높은 점수를 받기 위해 의도적인 노력을 한다기보다는 각각 수준에 맞는 영어 학습을 진행하면서 중간에 한 번씩 실력 확인용으로 활용하면 좋다. 이 구간은 정체가 온다면 고급 어휘집과 숙어집을 병행하여 활용하는 것을 추천한다.

영어책은 얼마나 읽어야 할까요?

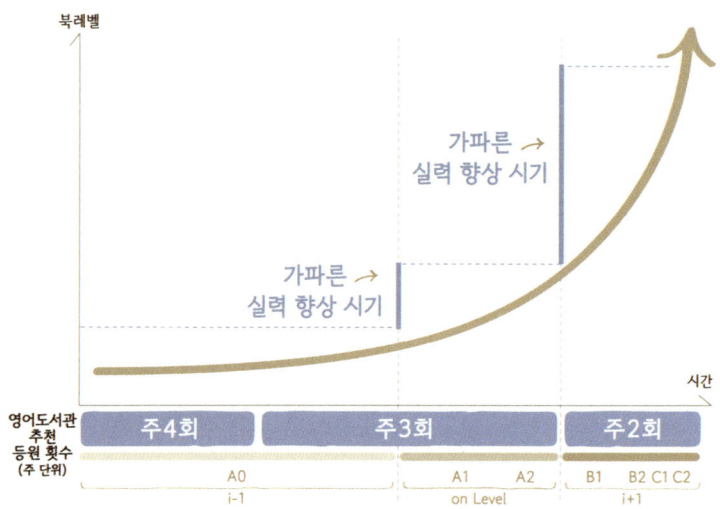

영어 단계별 필요한 영어 독서의 형태 및 분량

영어 독서의 형태가 '그림책을 읽어주면 듣는 것'부터 '혼자 읽고 이해가 가능한 것'까지 다양하고 각 책의 페이지 수 등이 상이하여 책의 권수를 지표로 삼기는 힘들다. 그래서 제안하는 것은 '일주일 중에 약 1시간 30분~2시간' 정도 영어책을 읽고 A0 레벨에서는 주 4회, A1~A2일 때는 주 3회, B1 이상의 레벨에서는 주 2회의 관련 활동을 하는 것이다. 전문 기관에서 코칭을 받는 경우라면 제안하고 있는 횟수로 충분할 것이지만 집에서 자율독서를 할 때는 횟수가 조금 더 늘어나야 할 수 있다.

요즘 아이들은 어릴 적부터 영어를 꾸준히 배워온 경우가 대부분이므로 iB(i-Bridge) 프로그램으로 접근했을 때 빠른 결과를 낸다. 빠른 경우에는 3개월, 느린 경우에도 6개월이면 부족한 부분에 대한 보충이 되면서 한 번 크게 실력이 향상된다. 이어서 6개월 이상 꾸준한 영어 독서를 이어 나갔을 때 가장 큰 폭의 성장을 보인다.

데이터를 바탕으로 볼 때, 파닉스를 마스터하기 전의 학생은 3년 그리고 파닉스가 완료된 상황에서 만난 학생은 2년이면 영어로 쓰인 청소년 소설을 읽고 본인의 의견을 덧붙여 말할 수 있었다.

· · · · · ·

11

in Time (타이밍) 가장 필요한 순간에 필요한 만큼만

영어 입시를 위한 영어를 가르친 적은 있지만, 초보 영어도서관 원장이었던 시절이 있었다. 그 시절, 스티븐 크라센 Stephen Krashen 의 이론을 인용하며 "영어를 잘하는 유일한 길은 영어 독서다."라는 말을 자주 들었다. 그러나 나는 그 주장에 온전히 동의할 수 없었다. 영어 다독과 영어 쓰기의 상관관계에 대해 논문을 작성한 경험도 있고, 입시 영어보다는 문해력 향상과 같은 평생 연구할 만한 과제를 기대하며 영어도서관 원장이 되었지만, "유일한 길"이라는 표현은 너무 단정적으로 들렸다. 그러나 10년 넘게 영어 독서를 연구하고 나니, 그 말이 앞뒤 맥락 없이 들려 이상하게 느껴졌을 뿐, 본질적으로는 맞는 말이라는 것을 깨닫게 되었다. 10년 전만 해도 내신 시험이나 수능 시험의 난이도가 지금만큼 높지 않아 영어 독서가 선택 사항이었지만, 이제 영어 독서가 없다면 상위권 영어 능력을 결코 갖출 수 없다.

때론 영어 독서만으로 영어 실력이 늘 만큼 충분한 시간을 확보하기 어려운 아이들은 레벨마다 핵심을 짚어주는 레슨(Key Point Lesson)과 병행하면 더 빠른 시간 안에 가시적인 성과를 볼 수 있다. 공통으로 가장 중요한 부분은 바로 '밸런스'이다. '의도된 밸런스'를 지킬 수 있을 때 성과가 가시화되어 지속할 힘이 생긴다.

아이들이 영어 독서를 진행하다가 어떤 도움이 필요해지는 "가장 도움이 필요한 순간", 즉 'Right Timing'은 언제일까? 바로 아이가 신호를 보낼 때다. 잘 읽던 책이 갑자기 지루해진다거나, 책을 다 읽었음에도 내용을 제대로 이해하지 못하는 상황이 발생했을 때가 그 순간이다. 또는 내 아이의 영어 실력에 대해 영어 공인 인증시험의 결과를 바탕으로 대략적인 현존 구간을 측정한 후, 학습할 부분과 습득할 부분의 밸런스를 고려하며 몰입 영어 독서를 진행하는 방법에 대해 고민해야 한다. 그리고 몰입 영어 독서를 하는 동안 내 아이 영어 정체의 원인이 되는 부족한 영역을 어떻게 찾아서 메울지에 대한 계획이 필요하다. 이 모든 학습은 아이들이 영어책을 더 쉽게 잘 읽고 이해하도록 돕기 위해 설계된 것이어야 한다.

영어권 국가에서 자라는 아이들은 8살 정도가 되면 이미 만 개의 단어를 들어서 안다고 한다. 그리고 우연한 기회에 특정 단어를 3000번 이상 만나면 비로소 영어 말하기나 쓰기에서 활용할 수 있을 정도로 그 단어의 뉘앙스를 알게 된다고 한다. 그런데 우리 아이들은 영어유치원을 다니거나 국제학교에 다니는 경우에라도 해외에 거주하는 아이들과는 다른 환경적 한계에 있다. 바로 교실 밖에서 영어를 사용할 일이 많지 않다는 한계이다. iB(i-Bridge) 프로그램에서는 영어사용 환경을 제공함으로써 채워져야 할 부분을 영어 교육학적 이론을 바탕으로 한 효율적 학습으로 채워주려 하는 것이다.

3,000명 이상의 학생을 통해 보았을 때, 아이마다 그 채워져야 할 영역에 대해서는 비슷한 패턴을 보였지만 스스로 익히는 방법이나 교사가 가르치는 방법은 상당히 달라야 했다.

영어 학습의 시작점이 이미 늦어 있거나 언어감이 약한 학생들의 경우에는 영어 독서를 진행하면서 동시에 영어 학습도 집중적으로 진행해야 하는 경우가 있다. 아이들의 성향이나 상황적인 조건에 따라 개별 영어교육 목적에 맞는 교육이 이루어지도록 최선을 다해 돕는 과정에서 아이들이 특정 시험에서 고득점을 내야 한다면 그것조차도 도와야 한다고 생각한다. 내가 지향하는 바는 암묵적으로 나의 방향으로 학생과 학부모를 당겨오는 것이 아니라 서로 충분한 대화를 통해서 더 좋은 영어교육을 효율적으로 제공할 방법을 모색하는 것이다.

iB(i-Bridge) 6단계 프로그램

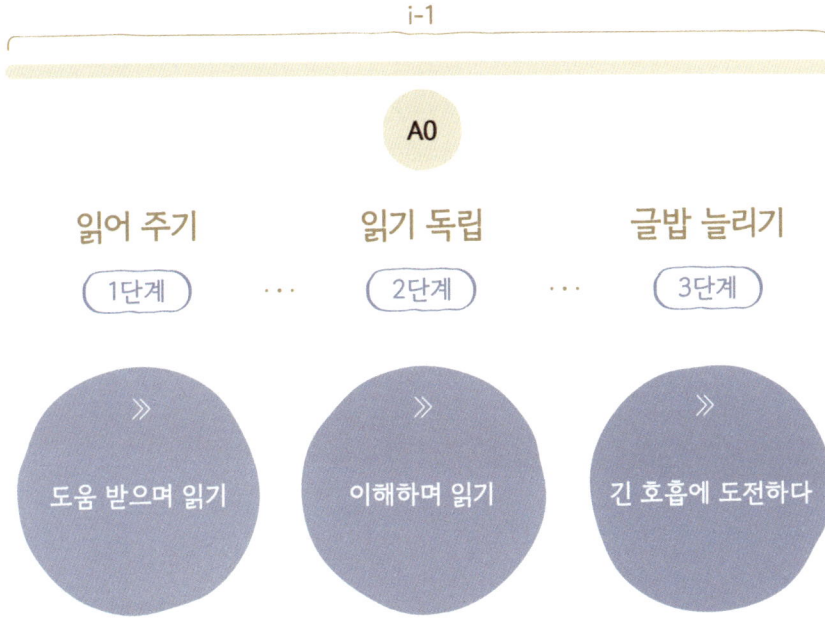

읽어 주기 (1단계)	읽기 독립 (2단계)	글밥 늘리기 (3단계)
도움 받으며 읽기	이해하며 읽기	긴 호흡에 도전하다

알파벳부터 시작해
영어 소리와 문자를 연결한 단계

영어를 처음 접하는 학생들에게 영어 책 읽기는 누구나 할 수 있고 재미있는 일이라는 깃을 알려주는 과정이다. 학생에 따라 영어 소리에 노출된 경험의 정도는 다를 수 있지만 오롯이 글자를 보고 소리 내어 읽는 훈련에 집중한다.

이해하며 짧은 영어책을
스스로 읽기 시작하는 단계

소리내어 영어 책읽기가 익숙해진 학생들에게 기초 필수어휘(sight words)나 초등 필수 어휘(800~1000단어), 그리고 기본 문형(wh-questions)에 대한 명시적 학습을 통해 영어책 이해를 돕는 과정이다. 파닉스 마스터 뿐 아니라 영어로 된 글을 읽고 이해하는 능력을 키운다.

이해하며 길지 않은 영어책을
유창하게 읽기 시작하는 단계

학생들이 조금씩 더 길이감 있는 책을 어렵지 않게 읽을 수 있게 코칭하는 과정이다. 긴 글을 읽어 내려면 어느 정도 기본적인 어휘가 탄탄해야 하므로 본격적인 어휘 학습과 함께 읽기의 정확성, 속도, 이해력, 그리고 감정 표현력 등에 대한 전반적인 점검을 한다.

내 아이, 영어 실력을 점검하고 다양한 장르의 영어책 읽기로 확장하는 단계

길이감 있는 영어책을 읽고 이해하는 데 어려움이 없는 학생들에게 다양한 장르에 대한 소개와 더불어 아카데믹한 어휘 학습이 제공되는 과정이다.
충분히 글밥 늘리기 훈련이 선행된 학생들의 경우에는 제법 긴 책들도 몰입하여 읽을 수 있으며, 수업은 100% 영어로만 진행한다.

다양한 주제의 영어책 깊이 읽기를 통해 비판적 사고력을 기르는 단계

다양한 영어 책 읽기를 통해 글밥이 많은 영어 책 읽기에도 익숙하고 장르별 스토리 파악이 용이한 학생들을 대상으로 뉴베리 수상작, 미국대학교 추천 도서 등을 기반으로 심도있는 토론을 통해 비판적 사고력과 함께 고급 영작 기술들을 익히는 과정이다.

다양한 컨텐츠 중심의 국제학교 수업으로 논리력과 발표력을 기르는 단계

100% 영어 사용 환경에서 자유로운 토론을 통한 영어 말하기 유창성 훈련과 논리력 향상 훈련을 하는 과정이다.
분기별로 한국 교육 과정 기반의 성취도 평가를 진행하며 문법의 경우는 한국형 시험에서도 좋은 결과를 받을 수 있도록 코칭한다.

블루플래닛 Can Do Chart

CEFR	CCSS	블루플래닛	SR	학습 목표	
i-1		Pre-K	Pre Reader 1	-	**Phonics** 리딩을 통한 이중자음과 이중모음 연습 **Read Aloud** 반복적으로 들은 내용을 대략적으로 읽음	**Vocabulary** 기초단어 암기(Sight Word) **Comprehension** 그림 유추를 통해 단어와 이야기 이해
		K	Pre Reader 2	-	**Speaking** 간단한 영어질문을 이해하여 대답함 **Read Aloud** 반복적으로 들은 내용을 대부분 읽음	**Vocabulary** 기초 단어 암기(Sight Word&Theme based Words) **Comprehension** 상황을 통해 어휘와 이야기 이해
	A0	1	Early Reader 1	1.1~2.0	**Speaking** 듣거나 읽은 내용을 묘사하여 말하기 **Writing** 스스로 영어문장 만들기	**Vocabulary** 책에 나온 단어 이해 **Comprehension** 이야기의 흐름 이해
		2	Early Reader 2	1.8~2.2	**Speaking** 도움을 받아 일상적 주제에 대한 대화 **Writing** 읽은 내용을 키워드로 나열	**Vocabulary** 책에 나온 단어 암기 **Comprehension** 이야기의 구성요소를 이해
		2	Early Reader 3	2.3~2.8	**Speaking** 도움을 받아 일상적 주제에 대한 대화 **Writing** 읽은 내용을 간략히 요약	**Vocabulary** 책에 나온 단어 암기와 숙어 표현 확장 **Comprehension** 단순한 이야기의 기승전결을 이해
on Level		3	Emerging Reader 1	2.8~3.4	**Speaking** 스스로 일상적 주제에 대한 대화 **Writing** 내용의 요점을 간단히 기술(5W1H)	**Vocabulary** 숙어와 문법을 통한 표현 확장 **Comprehension** 분량적으로 긴 책의 이야기 흐름 파악
	A1	4	Emerging Reader 2-	3.2~3.9	**Speaking** 스스로 일상적 주제에 대한 토론 **Writing** 요약문에 논리력이 생김	**Vocabulary** 숙어와 문법을 통한 표현 확장 **Comprehension** 분량적으로 긴 책의 주제 파악 및 이해
		4	Emerging Reader 2-	3.7~4.5	**Speaking** 스스로 일상적 주제에 대한 토론 **Writing** 요약문에 논리력이 생김	**Vocabulary** 아카데믹한 어휘 학습 **Comprehension** 다양한 종류의 글에 대한 요지/결론 추론
	A2	5	Skilled Reader 1-	4.4~5.8	**Speaking** 논리적인 말하기 연습 **Writing & Grammar** 문법적으로 오류가 없는 글쓰기	**Vocabulary** 고급 어휘들에 익숙해지기 **Comprehension** 작가나 배경지식/장르에 대한 이해
		5	Skilled Reader 1-		**Speaking** 논리적인 말하기 연습 **Writing & Grammar** 자신의 의견이 포함된 글쓰기	**Vocabulary** 고급 어휘들에 익숙해지기 **Comprehension** 작가나 배경지식/장르에 대한 이해
i+1	B1	6	Skilled Reader 2	6.0~10.0	**Speaking** 설득을 위한 논리적인 말하기 연습 **Writing & Grammar** 자신의 의견이 포함된 글쓰기	**Vocabulary** 고급 어휘들에 익숙해지기 **Comprehension** 작가나 배경지식/장르에 대한 이해
	B2 C1 C2	7+	Honored Reader	10.0+	**Speaking** 설득을 위한 논리적인 말하기 연습 **Writing & Grammar** 논리적인 의견 제시	**Vocabulary** 고급 어휘들에 익숙해지기 **Comprehension** 전문서적의 이해

대표시리즈	단계별 특징
Phonics Readers I Can Read My First Scholastic Hello Reader 1	영어에 대한 노출이 적은 상태로 파닉스 규칙을 기반으로 소리내어 읽기 훈련이 필요한 단계
Step into Reading 1~2 Robin Hill School Ready-to-Read 1 Biscuit	일상어휘 기반의 간단한 문장 위주의 리더스북 읽기를 통해 영어회화 연습과 더불어 기초단어를 익히는 단계로 주어 동사 정도의 조합으로 말하기와 쓰기가 가능한 단계
I Can Read 1 Arthur Starter Jory Johns Froggy	일상적인 내용이나 교훈적인 스토리를 통해 이야기책 읽기의 재미를 느낄 수 있으며 주어, 동사, 그리고 목적어 정도의 조합으로 말하고 쓰기가 가능한 단계
I Can Read 2 Henry and Mudge Mr. Putter and Tabby	일러스트가 줄어들고 글의 분량이 늘어나면서 복잡해진 스토리 구조의 등장 듣거나 읽은 이야기 내용 중에 중요포인트를 찾아내어 정리하는 연습이 필요한 단계
I Can Read 3~4 Step into Reading 3~4 Curious George	꾸준한 다독과 함께 집중력을 기르고 읽기의 정확성, 속도, 이해력을 바탕으로 읽기 능숙도가 향상되는 단계
Nate the Great I am Reading Mercy Watson	영어독서가 아닌 학습을 기반으로 본 단계까지 온 학생들의 경우는 실력의 정체가 두드러지는 단계로 간혹 오디오북의 속도에 맞춰서 스토리를 이해하는 것에 어려움을 호소하기도 함 절대적인 텍스트의 분량이 늘어났기에 이야기를 읽는 동안 주요한 내용과 세부 내용을 구분해낼 수 없다면 텍스트에 대한 이해력이 낮아지는 단계
Junie B. Johns Magic Tree house Ready Freddy	스토리의 구성요소와 문법지식을 바탕으로 정확하게 논리적으로 이해하는 능력이 필요한 단계로 정독과 명시적 문법학습, 그리고 이디엄에 대한 도움이 필요한 단계
Cam Jansen A to Z Mysteries Andrew Lost	사건 구조가 복잡한 스토리와 어려운 문맥의 이해를 위해서 폭넓은 독서량과 함께 리딩 스킬을 익혀야 하는 레벨 비판적 사고를 통한 토론 학습이 가능한 단계
Stone Fox Clementine Spiderwick Chronicles The War with Grandpa	명시적으로 알고 있는 어휘와 이디엄의 확인이 필요한 단계로 분량이 많은 책을 즐기며 읽기 위해서는 직독직해 뿐만 아니라 전반적인 스토리에 대한 이해력이 보기되는 단계
Roald Dahl The School Story Who Was	한글 책을 읽는 것처럼 편하지 않더라도 책을 읽으며 내용을 소화하지 않을 정도로 이미 다양하고 많은 책을 읽어봄 영미권 및 유럽의 역사적, 사회적 배경지식을 요하는 부분에 대한 설명이 필요한 단계
Harry Potter Charlotte's Web Bridge to Terabithia The Story of the World	전문용어를 활용한 말하기, 듣기, 쓰기 학습이 가능하며 관심 분야의 집중학습이 가능하며 원어민 수준의 이해력과 표현력을 보이는 단계
Sophie's World 1984 Life of Pi The Old Man and the Sea	함축적이고 복합적인 은유적 표현의 해석이 가능하며 작가의 의도, 등장인물의 분석 및 중심사상에 대한 이해 가능한 단계

Part 4

수준별 & 연령별
iB(i-Bridge) 프로그램 실천 전략

1부 수준별 맞춤 로드맵

. . . . . .

Grade 1~3 수준,
영어 학원에서 영어 독서로 전환하려는 아이들을 위한 팁

사설 영어도서관의 수업에 관심을 두는 경우는 다음과 같다.

- ① 어학원이나 영어유치원과 병행을 원하는 경우
- ② 영어 독서에 몰입하려는 경우
- ③ 영어 독서에 몰입하는 동시에 개별 강점 강화와 약점 보완을 하려는 경우

지금까지는 어학원과 병행을 원하는 경우가 다수였다면 최근 들어서는 타 어학원 병행 여부와 상관없이 iB(i-Bridge) 프로그램을 선택하는 케이스가 늘어나고 있다. 바로 3번의 경우이다. 이것은 영어 독서를 기반으로 한 영어교육이 그 효율성에 대해 크게 공감을 얻고 있기 때문인 듯 보인다. 대한민국에서 영어 독서 교육에 대한 관심이 높아진 지도 약 15년이 지나면서, 체계적인 영어 독서 교육을 받아온 학생들의 입시 결과가 공개되었고, 이에 대한 긍정적인 피드백이 이어지고 있다. 그 결과, 모든 배움의 기초는 독서력에 있다는 점에 공감하는 학부모들의 비율도 자연스럽게 증가했다.

내가 운영하는 학원 재원생들은 5년 이상 장기 재원생이 많고 형제자매와 함께 또는 친인척 아이들과 함께 등원하는 경우가 있다. 신규 학생을 대상으로 설문조사를 해보면 대부분 지인 소개를 통해 영어 독서 교육에 관심을 두게 되었다는 것을 자주 확인할 수 있다. 최근 들어 국어와 외국어 모두 문해력 문제가 대두되면서 확고한 교육철학을 가진 부모님들은 자녀에게 제대로 된 영어 독서 몰입 기간을 제공하려고 노력한다.

iB(i-Bridge) 프로그램에 속하는 '영어책 읽는 아이들을 위한 단기 특강' 라인에 대한 관심도 폭발적인데, 필요할 때 필요한 만큼 부족한 영역을 보충하고 싶은 요즘 세대 부모님들의 마음을 반영한 결과라고 보인다. 어떤 경우라도 심리적 만족도나 가성비적인 측면에서 그리고 바쁜 아이들의 시간 투자가 있어야 한다는 점에서 소소한 고민이 있다.

영어를 처음 시작하려고 하는데 어떻게 해야 하나요?

아무리 강조해도 지나치지 않은 한 가지는 바로 '소리 노출'이다. 취학 전 아이들의 경우 '이해할 수 있는 소리'와 '흥미를 끄는 소리'로 나누어서 접근해 보시길 추천한다.

다양한 무료, 유료 컨텐츠들이 많은데 그중에서 내 아이 영어 노출의 뼈대가 될 부분은 '이해할 수 있는 소리'이고 살이 되어줄 부분은 '흥미를 끄는 소리'이다. 즉, 의도적으로 보여줄 것과 자연스레 노출될 것의 가이드라인은 가져가는 것이다. 경험에 비추어보면 3세 이선의 아이들은 정서적으로 편안한 소리를 좋아한다. 그리고 4세~5세 아이들은 흥미를 끄는 소리를 선호하는 경향을 보인다. 6세 이후의 아이들은 대부분 이해할 수 있어서 자기 효능감을 느낄 수 있는 컨텐츠에 집중한다. 즉, 자신이 잘할 수 있다고 생각하는 영역에 더 많은 관심을 기울이는 것이다. 어찌 보면 이런 이유로 선행을 선호하는 문화가 생겼는지도 모르겠다. 자신이 잘하는 과목에 대해 아이들이 재미있다고 느낄 확률이 높기 때문이다.

영어 독서로 영어를 시작하려는 경우라면, 체계적이지 않더라도, 영어 소리에 자연스럽게 노출될 수 있도록 관심을 기울이는 것이 중요하다. 그러면 체계적인 영어 학습이 시작되었을 때 느끼는 부담감을 줄일 수 있기 때문이다. 어린아이들의 경우에는 학습이 아닌 자연스러운 형태로 타깃 언어에 노출되는 충분한 시간이 꼭 필요하다. 그런 시간이 주어진다면 아이는 노래를 따라 부르고 주변 사물의 이름을 익히는 과정을 통해 영어가 절대 어렵지 않다는 것을 스스로 느낄 수 있을 것이다.

<내 아이 영어 노출의 뼈대가 되어줄 컨텐츠>로 추천하는 것은 'Super Simple Songs'와 'ORT'이다. 오랫동안 사랑받아 온 컨텐츠이고 처음 시작하는 레벨부터 영어 회화를 마스터할 수준까지의 컨텐츠를 갖춘 경우라면 다른 어떤 컨텐츠라도 괜찮다. 이렇게만 활용해도 7세 말 정도에 본격적인 영어 공부를 시작하기에 충분하다. <내 아이 영어 노출의 살이 되어줄 컨텐츠>는 어떤 것이어도 좋다.

이렇듯 완벽하진 않더라도 학과 습의 균형을 갖춘 아이들은 한

달 정도의 명시적인 파닉스 수업과 원서 수업으로도 괄목할 만한 성장을 보인다. 그래서 '몇 살부터 iB(i-Bridge) 프로그램을 수강할 수 있나요?' 라고 물으시는 경우 영어 소리에 노출되어 본 적이 있고 한글을 자음, 모음 정도 쓸 수 있을 때 보내 주시라고 조언한다. 학생의 생물학적 나이보다는 '영어 나이'가 더 중요하다. iB(i-Bridge) 프로그램 중 읽기가 서툰 아이들은 <링킹 파닉스>를, 읽기가 가능한 아이들은 <1:1 스피킹>과 <1:1 어휘> 등의 수업을 통해 영어 독서의 여정에 참여하게 된다.

영어유치원에 꼭 보내야 할까요?

영어유치원에 보낸다는 것은 적어도 시작 후 6년 정도는 영어 교육을 멈추지 않겠다는 다짐이 필요하다. CEFR 기준으로 초등 3학년 이전에 A2 레벨까지는 끌어주겠다는 의지가 필요하다. 그리고 4세부터 보내는 경우가 아니라면 영어유치원에 보내기에 앞서 어느 정도 자연스러운 소리 노출이 이루어진 상황이어야 한다. 그렇지 못할 경우, 모국어로 알아듣는 말도 많아지고 할 수 있는 표현도 늘어나서 자기 효능감이 높아지고 있는 중인데, 거기에 브레이크를 거는 격이기 때문이다. 영어 거부감을 겪는 아이들을 보면 이러한 가벼운 선행 학습이 이루어지지 않은 경우가 대부분이다. 낯선 환경과 더불어 또래보다 부족해 보이는 자신을 마주하는 일은 감정적인 문제로 까지 번지는 경우가 종종 있어서 조심할 필요가 있다.

또한 영어유치원 2년 차 정도가 되면 과제가 많아지는데 대부분 단어 학습이나 영어 독서 부분이 가정학습으로 이루어져야 한다. 어린아이는 하기 싫은 것은 안 하려고 하고 엄마는 워킹맘이라 집안일과 아이 돌보기에 자신의 일까지 겹쳐서 힘들어지기 쉬운 지점이다. 부모님들은 영어유치원은 그냥 보내면 다 되는 건 줄 알았다고 하는데 사실 그렇지 않다. 언어학습의 특성상 도약의 단계에서는 집중학습이 요구되고 자연스레 주변 환경의 영향을 받기 때문이다. 영어유치원에 보내는 경우라면 일정한 학습도 꼭 해야 하고 유치원에서 부가하는 과제에 절대적으로 충실할 필요가 있다.

이런 부담 없이 영어 노출의 방법으로 영어유치원만 보내도 되는 경우는 졸업 후 해외로 나갈 예정이거나 국제 학교에 진학할 예정인 경우이다. 즉, 자연스러운 영어 노출 시간이 하루에 4시간 이상 보장되는 경우다. 대한민국에서 사립초나 일반 초등학교 진학 등 하루에 4시간 정도의 영어 노출 시간을 보장할 수 없는 경우인데 초중등 때도 높은 수준의 영어 성취도를 유지하길 원한다면 초등 저학년 때 영어교육에 집중하여 어떤 임계치까지 실력을 올려놓는 것이 꼭 필요하다.

놀이식 영어유치원이 실패하는 이유

이 시기에 아이의 영어교육에 대한 고민이 많은 것은 바로 영어유치원에 보내고 있는 부모님들일 가능성이 높다. 놀이식 영유에서 학습이 많은 영유로 옮기려는 경우나 초등이 되면서 유치부 중심 커리큘럼이 아닌 초중등 전문 커리큘럼을 갖춘 어학원으로 이동하려는 경우에 내 아이가 영어 실력 때문이 아니라 다른 여러 가지 변인 때문에 원하는 점수를 받지 못할까 전전긍긍하게 되는 것이다.

영어 유치부 7세 졸업생 중 10명~20명의 학생을 데리고 가을부터 겨울방학까지 3달 동안 특강을 진행하곤 한다. 그러면 영어 리딩 레벨이 르네상스사의 스타 리딩 기준으로 한 달 사이에도 1.8에서 3.5, 2.2에서 4.3까지 상승한다. 원어민 아이들도 2년 이상 꾸준히 영어 독서를 통해서만 받을 수 있는 점수의 폭만큼 오르는 것이다. 소릿값으로만 깔려있던 지식이 표현할 수 있는 단계로 상승하면서 일어나는 일이다. 그런데 어린아이들이 학습적인 스트레스 없이 이런 결과를 얻으려면 6세부터 체계적인 영어 독서 습관이 잡혀 있어야 한다. 일정 시간 혼자 읽고 생각하는 힘은 단기간에 길러질 수 없기 때문이다.

여기서 한 가지 각자 고민해 볼 것은 원하는 시점에 원하는 결과가 나오지 않았다고 해서 이것이 완벽한 실패인 것인가 하는 점이다. 부모님들이 실망스러운 마음이 드는 그 순간순간을 더 멋진 선택으로 이어줄 수 있을 것으로 생각한다. 전인교육을 위해 소리 노출과 표현하기에 집중하던 영어유치원들이 쓸쓸한 마지막을 맞는 것이 전문가의 입장에서 안타깝다. 그 아이들을 연계하여 초3 이전에 A2 레벨까지 이끌어줄 수 있는 커리큘럼이 있지만 다수의 학부모님이 현실적인 이유로 오래 지속하지 못하고 있다.

언제나 중요한 것은 '무엇을'이 아니라 '어떻게' 그리고 '왜' 하는가이다. 어떤 부모는 영어 교육이 중요하다고 생각해 아이가 어릴 때부터 충분한 영어 소리 노출을 원할 수 있고, 반대로 모국어를 우선해야 한다고 생각해 영어 교육을 조금 미루려 할 수도 있다. 또 어떤 부모는 두 언어 모두 조기에 소리 노출을 하는 것에는 찬성하지만, 문자의 학습은 최대한 늦추고 싶어 할 수도 있다. 결국, 자녀의 영어

교육 목표를 명확히 설정하는 것이 가장 중요하다. 그러나 현실적으로 이는 가장 어려운 부분이기도 하다. 부모라 해도 욕심이 앞서다 보면 방향을 잡지 못해 실패하는 경우를 종종 보게 된다.

영유는 졸업할 예정인데 이제부터 어떻게 해야 하지?

요즘은 4세부터 영어유치원에 입학하는 아이들도 있고 영어유치원 입학에 앞서 기초 파닉스 수업 또는 원어민과 가볍게 일상 회화 수업을 받는 경우도 있다. 영어유치원을 보내야 한다. 말아야 한다. 말은 많지만, 나는 각 가정의 상황에 따르는 것이 옳다는 입장이다. 바쁜 학부모의 입장에서는 영어유치원을 보낼 경우에 요즘 유행한다는 다양한 예체능 수업과 수학 수업까지 유치원에서 해결이 가능하다는 점이 매력적으로 보일 것이다.

영어유치원에 다니는 아이들은 보통 6세 또는 늦어도 7세 초에는 사설 영어도서관의 문을 두드린다. 유치부를 졸업하고 나면 초등어학원 수강을 위해 레벨테스트를 치러야 하는데 그때 영어 리딩 레벨이 높은 아이는 절대적으로 유리하기 때문이다. 내 아이 실력이 출중해야 한다는 기대감보다는 초등 때 조금 더 나은 그룹에서 또래들과 함께 배우길 원하는 마음이 클 것이다.

초등 어학원 레벨테스트 결과를 보면, 예전과는 다르게 점수화된 영어 성적 이외에도 즐기는 영어 독서가 가능하면서 말하기와 쓰기 능력이 골고루 발전된 아이들이 좋은 결과를 받곤 한다. 그래서 iB(i-Bridge) 프로그램의 수업들이 인기가 있다. 내 아이가 부족한 영역만 콕 집어서 채우는 것이 가능하기 때문이다. 보통 영어유치원 졸업 후, 2~3년은 영어에 집중하고 그 이후에는 타 과목 집중학습으로 넘어간다. 영어유치원 이후 연계 학원으로 아이들이 즐거워한다는 이유로 말하기 중심 학원을 선택했을 경우 추후에 후회하는 비율이 높다. 만약, 초등 때 즐거운 말하기 중심 학원(고레벨 아이들에게는 프로젝트 중심학원)에 보내고 싶으시다면 6살부터는 학습적인 영어에 대해서도 조금 챙겨 두셔야 한다.

바쁜 엄마도 실천할 수 있는 가장 성공적인 로드맵은 영어유치원 2년 차가 되었을 때, 영어 독서 수업 병행을 시작하고 주 2회씩 초등 2학년까지 꾸준히 유지하는 것이다. 아이들은 저마다 다른 이유로 중간에 고비를 겪기도 하는데 그럴 때면 iB(i-Bridge) 프로그램으로 메워주는 형식이다. 그러면 초3이 되기 전에 적어도 짧은 영어소설류를 읽어내고 언어감이 있는 경우에는 해리포터 수준의 지문을 읽고 읽은 내용에 대한 영어로 토론이 가능해진다. 이즈음 영어 공인 인증 시험에 응시하면 좋은 결과도 받을 수 있다.

과거에는 모두가 한 방향으로 힘들지만 달렸기에 아이들이 번 아웃을 겪기도 하는 등 문제가 되었다. 그런데 요즘은 부모님들도 내 아이의 상황을 고려하여 더 좋은 선택을 하려고 애쓰는 것이 보인다. 다만 잘 알지 못해서 불안감을 느끼게 되면 아이들이 중간에서 힘들어지는 경우가 있으므로 미리 다음 플랜에 대해 고민해 보는 것을 추천해 드린다.

대형 어학원은 다니는데 영어 리딩 레벨이 떨어지는 것 같아요

초등을 시작하면서 대형 어학원에 다니기 시작한 아이 중 유독 파닉스가 제대로 안 되어 있는 경우가 많다. 왜 그런지 들여다보면 영어 듣기를 통한 음소인식이 되기 전에 파닉스 먼저 배웠고 매일 단어 시험을 치르게 되니 아이들은 그냥 통 문자로 단어를 외워버리는 것이 문제의 시작이었다.

대형 어학원을 다녀서 성적이 떨어진다기보다는 영어 소리를 충분히 들을 때까지 기다려 주는 시간 없이 바로 영어를 도구로 지식을 배워야 하는 상황에 던져진 것이 문제의 핵심이다. 이런 경우에 잠깐 어학원 수업을 멈추고 영어 몰입 독서를 해볼 것을 추천한다. 영어 독서를 기본적으로 선호하지 않는 학생이거나 영어 독서만 하는 것에 대한 불안감이 있는 경우에는 iB(i-Bridge) 프로그램 수강을 권한다.

이제 1학년이 될 것이고 영어는 처음이라면, 7세 후반부터 체계적인 영어 노출을 시작할 것을 추천한다. 이미 모국어로 알고 있는 단어가 많아서 이해하기 그리 어렵지는 않을 것이다. 그렇게 조금 익숙해질 즈음에 초등학교 입학을 하고 추가 학습을 하려는 경우에는 여름방학 정도까지 기다려 주시는 것도 하나의 방법이 될 수 있다. 이제 입학해서 모든 것이 익숙하지 않은데 분량적으로 많은 공부를 하게 되면 그 부담감으로 인해 영어를 싫어하게 될 수 있기 때문이다.

중학생이 되기 전에 몰입 영어 독서를 할 기회를 주고 싶어요

예전에 코칭하던 학생 중에 6학년인데 리딩 레벨이 1점대가 나왔던 학생이 있었다. 모 학습지를 6년간 꾸준히 해오던 학생이었는데 전교 회장을 할 정도로 성격이 좋던 학생이다. 학습지 수준을 보면 미국 Grade 3 수준 정도는 나와야 하는데 영어 리딩 레벨이 눈에 띄게 낮게 나왔다. 그래서 논의 끝에 1점대 책부터 천천히 6개월간 주 3회씩 영어 독서를 시작했다. 작문 실력도 부족함이 있었기에 학년을 고려하여 패턴을 기반으로 한 영작 연습을 했다.

정확하게 6개월 후 학생의 영어 리딩 레벨은 4점을 넘겼고 영어의 전반적인 밸런스가 잡혔던 기억이다. 학생과 얘기를 나눠보니 긴 지문에 익숙하지 않았고 단기간에 많은 단어를 암기하려고 하다 보니 시험을 치고 나면 다 잊어버리곤 했었는데 그런 부분이 영어책을 읽으며 달라진 것 같다고 말했다. 알고 있는 모든 언어적 지식이 통합되는 느낌이었다고 한다. 이렇듯 남들은 최소 3년에 걸쳐 올려야 할 영어 리딩 레벨을 단 6개월 만에 받는 경우가 다수 있다.

이런 결과들을 볼 때, 영어 리딩 레벨과 북 레벨에 대해 너무 연연해하지 않았으면 한다고 말하고 싶다. 쉬워야 재미있고, 재미있어야 많이 읽고, 많이 읽어야 실력이 늘 수 있다. 그보다 더 중요한 것은 내가 영어 소리에 익숙한가를 살피고 영어책을 읽을 때 이해하며 알맞은 속도로 읽을 수 있느냐에 집중해야 한다.

・ ・ ・ ・ ・ ・

13

Grade 2~3 수준, 영어책 읽는 아이들을 위한 영어 말하기 학습 팁

최근 다수의 학생이 화상영어나 전화영어 수강을 통해 추가로 영어 말하기 연습을 하는 것을 본다. 그런데 영어 말하기 영역은 정형화하여 평가하기가 어려운 부분인 동시에 따로 떼어서 훈련하기도 어렵다. 따라서 영어 말하기 능력에 관심을 두게 된 이유를 곱씹어보고 어떤 목적으로 추가 과정을 진행하는지에 대한 고민은 필요하다. 들인 노력과 비용에 비해서 부족한 결과가 도출될 수도 있기 때문이다.

특정 영어 시험을 통과하기 위함일 경우에는 추가 수강을 제한된 기간 안에 빠르게 진행할 것을 추천한다. 각종 시험은 다루는 주제가 정해져 있고 특정 주제를 묻는 목적이 뚜렷하기에 그에 부합하는 연습을 진행하면 된다. 그런데 아이의 영어 실력도 균형있게 향상하면서 동시에 말하기 능력 향상에 집중을 원하는 경우라면, '영어 낭독'을 추천한다. 그리고 영어 낭독 연습을 했던 텍스트를 활용하여 북토크를 하거나 요약하여 말하기 또는 쓰기 연습을 한다면 영어 말하기 실력을 향상하는 동시에 어휘력과 영어 독해력도 향상할 수 있다.

영어 말하기 연습을 위한 자료는 이해할 수 있는 주제와 내용을 다루고 있어야 하고 음원이 함께 제공되어야 한다. 해당 자료를 반복적으로 듣고 따라 말하는 과정에서 소리의 높낮이나 발음 등에 익숙해지고 표현들에도 익숙해질 수 있다. 영어가 구어체와 문어체로 나뉘어져 있어서 읽기 자료의 레벨이 올라갈수록 문어체가 많이 등장하는 제한점은 있겠지만 이제껏 더 좋은 자료를 발견하지 못했다. 물론 영화나 짧은 영어 영상 등을 셰도잉하는 방법도 있는데 요즘 아이들은 절대적으로 여유 시간이 부족해서 말하기를 따로 연습하는 것은 비효율적으로 보이기 때문이다. 그리고 영상들은 레벨이 세분화되어 있지 않아서 영어를 시작하는 아이들에게는 어렵게 느껴질 수 있다.

평소에는 영어 낭독 훈련을 통해 말하기 연습을 하던 아이들에게 방학 동안 하나의 영화를 정해서 셰도잉하는 수업을 진행해 보았는데 의미 있고 즐거운 활동이지만 초등 중학년 이상의 학생들이 지속하기에는 시간적 제약점이 있다고 느껴졌다. 제한된 시간 안에서 학생들은 리딩 레벨도 올려야 하고 외울 단어도 많고 독해나 리스닝 그리고 영작 연습도 진행해야 한다. 이 사실을 기억한다면 내 아이가 영어교육에 투자할 수 있는 절대 시간을 어느 영역에 쏟을 것인지에 대한 고민이 선행되어야 한다.

미국 학년으로 2~3학년 수준의 영어 역량을 가진 학생들의 경우, 기초 영어 말하기 연습을 위해 집중하기보다는 짧은 영어 텍스트 읽기에서 시작해 조금 더 긴 텍스트 읽기로 넘어가기 위한 '영어 낭독 훈닌'을 통한 소리 노출만으로도 어느 정도 영어 말하기 실력의 발전을 기대해 볼 수도 있을 것이다. 아래에 영어를 외국어로 배우는 국가에 거주하고 있으면서 미국 학년 2~3학년 수준의 리딩 레벨을 가진 학생들이 참여할 수 있는 말하기 수업의 커리큘럼을 읽어본 후에도 말하기 연습을 따로 떼어서 진행하는 것이 필요하다고 느낀다면 선택해도 좋을 것 같다.

영어 말하기는 영작과 더불어 표현(아웃풋)의 영역인 만큼 충분한 양질의 입력(인풋) 이후에 정리하는 측면에서 진행해 보는 것이 현명하다. 만약 추가 시간을 투자하여 말하기 연습을 진행할 예정이라면, 어떤 자료를 바탕으로 영어 말하기 연습을 하게 될 것인지 반드시 확인해 보는 것을 추천한다.

리딩 레벨이 미국학년 2~3학년 수준인 경우,
영어 말하기 연습 컨텐츠로 활용하면 좋은 컨텐츠 팁
(사설 영어 도서관 북토크의 예시)

1. 책의 내용을 소리 내어 요약하기

"What happened in the story?"

"Can you tell me what you liked about the book?"

→ 요약할 때 새로운 어휘를 사용하도록 독려하고 문법보다는 의사소통에 집중한다.

2. 주요 문장을 따라 읽고 녹음하기

→ 발음과 억양을 교정할 수 있으며, 영어로 말하는 자신감을 키울 수 있다.

3. 책의 등장인물이 되어보기(Role-Play)

→ 책 속 등장인물의 역할을 맡아 내사를 따라 말해보기를 통해 자연스럽게 대화 흐름과 영어 표현을 익힐 수 있다.

4. 자주 나오는 어휘와 문장 패턴 활용하기

"The boy was curious because..." 같은 문장을 활용해 다른 문장을 만들어 보는 연습

→ 책에서 자주 등장하는 어휘와 문장 패턴을 말하기 연습에 적용하기를 통해 어휘와 문법을 체화할 수 있다.

5. 예측하고 이야기 확장하기

"What do you think will happen next?"

"If you were the main character, what would you do?"

→ 책을 읽기 전에 내용을 예측하거나, 읽은 후 이어질 이야기를 상상하며 말해보면서 창의력과 논리적인 사고를 발전시킬 수 있다.

6. 책에 대해 질문하고 답하기

"Why do you think the character made that choice?"

"What would you do differently?"

→ 다양한 관점을 고려하여 책의 내용을 바탕으로 질문을 던지고 답하는 연습을 할 수 있다.

7. 다른 사람들과 책에 관해 토론하기

"What was the most exciting part of the story?"
"Who was your favorite character and why?"

→ 말하기와 함께 듣기 능력도 함께 향상하기 위해 친구나 선생님과 함께 읽은 책에 관한 이야기며 의견을 교환하는 시간을 가질 수 있다.

기초 영어 회화 교재의 커리큘럼 (Scope and Sequence) 예시

→ 영어 말하기를 따로 떼어서 연습할 때, 해당 레벨의 학생들을 위한 프로그램 가이드는 다음과 같다. 학부모님들이 기대하는 고차원적인 교육이 이루어지기 쉽지 않다.

Unit	Title	Topics	Functions	Key Vocabulary	Grammar Focus
1	Introductions	Greetings, Self-intro	Introducing oneself, Saying hello	Name, Country, Age, Hobby	Simple present (I am, You are)
2	Daily Routines	Time, Activities	Talking about daily habits	Morning, Night, Breakfast	Present simple (I wake up at 7 AM.)
3	Family & Friends	Family Members	Describing family relationships	Mother, Father, Friend	Possessive adjectives (my, your)
4	At School	Subjects, Schedules	Talking about school life	Math, Homework, Classroom	Wh-questions (What, When, Where)
5	Food & Drinks	Meals, Restaurants	Ordering food, Talking about meals	Ordering food, Talking about meals	Countable, Uncountable nouns (some, any)

Unit	Title	Topics	Functions	Key Vocabulary	Grammar Focus
6	Hobbies & Interests	Free time, Activities	Talking about hobbies	Music, Sports, Reading	Present simple (I like, She likes)
7	Weather	Seasons, Weather types	Describing the weather	Sunny, Rainy, Snowy	Adjectives for weather (It's cold.)
8	Shopping	Stores, Prices	Buying and selling things	Money, Price, Clothes	How much...? + Numbers
9	Directions	Places, Navigation	Asking for and giving directions	Left, Right, Straight	Imperatives (Turn left, Go straight)
10	Travel	Transportation, Plans	Talking about travel plans	Train, Airport, Ticket	Future tense (going to + verb)

· · · · · ·

14

Grade 1~4 수준, 영어 독서로 어휘력을 높이는 비결

영어 교사 교육을 할 때면 꼭 묻는 말이 있다. '아이들이 영어를 배울 때 가장 어려워하는 것이 뭘까요?' 너무 쉬운 질문이라고 생각하는데 바로 대답을 들을 수 있는 경우는 거의 없다. 항상 나의 두 번째 질문이 필요했다. 그러면 '선생님이 새로운 언어를 배워야 한다면, 무엇이 가장 어려울까요?' 그제야 '단어' 그리고 어휘'라는 대답이 나온다.

영어공부의 8할은 어휘라고 말하며 그냥 외워버리라고 말하는 경우도 있다. 하지만 그렇게 암기한 단어는 어디에서도 꺼내 쓰지 못하는 어휘가 되고 아이들의 배우고자 하는 마음을 식히는 데 일조한다.

영어책을 즐겁게 읽기 위해서는 읽을 지문의 98% 이상의 어휘를 알고 있어야 한다. 그리고 아는 어휘가 95%로 떨어져도 제대로 이해하는 데 어려움이 발생한다. 쉬운 영어 원서들도 외국어로 영어를 배워온 사람들이 들어보지 못한 어휘들과 함께 낯선 문화적 배경이 등장해서 이해하기 더 어렵게 느껴질 수 있다.

연구에 따르면, 우연히 의미 있는 지문을 통해 3,000번을 만나야 해당 어휘의 뉘앙스까지 파악할 수 있다고 한다. 뉘앙스까지는 몰라도 아는 단어가 되려고 해도 우연히 최소 7번에서 20번을 만나야 한다는 보고이다. 이렇듯 알아야 할 어휘가 방대하다 보니 누군가는 단어의 대응어를 반복적으로 외우고 영어 표현을 통째로 외우는 시도를 하게 되는 것이다. 그런데 이런 단순한 암기가 얼마나 비효율적인 일인가에 대해서는 우리는 익히 체험을 통해 잘 알고 있다.

먼저 듣기나 말하기를 통해서 생길 수 있는 심석 어휘를 많이 쌓아두어야 한다. 외부에서 들려오는 다양한 소리를 저장했다가, 저장되어 있던 어휘를 책이나 영상 등 다양한 매체를 통해 우연히 만나게 되었을 때 활용이 가능한 '진짜 어휘'가 된다.

내가 운영하는 학원에서 활용 중인 RPI라는 테스트가 있는데 시험 진행 시간도 1시간 정도 소요되어서 내부적으로만 시행 중이다. 그런데 8년 정도 활용하다 보니 초반에 RPI테스트에서 음소인지 영역의 점수가 낮았던 아이들의 SR점수 상승률이 현저히 낮다는 것을 알게 되었다.

영어 독서의 초기인 1단계는 '심적 어휘'를 쌓는 구간이다. 이 단계에서는 아이의 눈길이 머무는 곳에 들어서 알고 있는 단어들을 보이게 두는 것이 중요하다. 그리고 파닉스 규칙에 따라 음절 별로 따라 써보게 하는 등의 활동이 필요하다.

영어 리딩 레벨이 미국 학년 2학년 수준이 되면 그림 사전에 있는 단어 리스트 등을 통해 알고 있는 어휘와 알아가야 하는 것을 분류해 보는 것도 좋은 방법이다. 반복하여 학생들이 영어 어휘를 인식하게 하는 활동이 유효한 단계이다.

그 다음 단계에서는 영어 독서를 통해 우연적 영어 어휘 습득을 이어 나가면서 자주 쓰이는 어휘가 정리된 '우선순위 1,000단어' 리스트의 어휘들에 대한 이해력을 높이는 것이 도움이 된다. 공교육에서 말하는 초등 800단어가 여기에 포함된다. 책을 겨우 읽어내지만, 아직 어휘 지식은 거의 없는 상태이므로 영-영으로 단어 학습을 해 온 경험이 없는 초등 고학년 이상의 학생이라면 영-한 대응어로 단어를 암기하는 것도 좋은 방법이다. 추상어의 비율이 높지 않은 구간이기 때문이다. 하지만 이때부터 영-영으로 단어를 접할 수 있다면 이보다 더 좋을 수 없다. 언제나 기준은 내 아이다. 아이가 스트레스를 받지 않는 수준에서 진행하면 된다. 이 단계에서는 추상적이기보다는 명시적인 단어들이 많이 등장하므로 그림 힌트가 많은 도움이 된다. 그리고 빈칸에 단어를 넣어보는 활동이 있는 책이 정말 중요한데 그 이유는 영어 어법과 어순에 대한 훈련이 가능하기 때문이다. 이런 활동을 할 때 숙련된 교사들은 조금 더 재미있게 효율적인 방법으로 아이들이 연상 훈련을 할 수 있도록 이끌어준다.

다음 단계에서는 자주 쓰이는 '우선순위 2,000단어' 정도를 제대로 알면 전문 서적을 제외한 웬만한 일상적인 글을 읽고 이해하는

데 큰 어려움이 없다. 이미 1,000개 정도의 어휘를 갖고 있기에 무조건 대응어를 암기하기보다는 표제어를 읽은 후 예문을 통해 의미를 한번 유추해 본 이후에 한국어 대응어를 확인하는 방식을 추천한다. 여기서부터는 영-한 대응어 암기는 피하는 것이 좋다.

본 단계까지는 어휘의 선행 학습보다는 후행 학습이 더욱 효과적인 것을 발견할 수 있었는데 가령 새로운 심적 어휘를 들어서 많이 쌓은 이후에 책을 통해 다양한 상황에서 해당 어휘들을 만나고 단어장을 통해 다시 확인하고 반복하는 형식이다.

그런데 '우선순위 4,000단어'부터는 조금 달라진다. 일상생활에서 자주 만나는 어휘 이외에도 특정 주제 내에서만 반복되는 어휘들도 등장하게 되므로 선행하여 어휘를 유추하며 학습하는 것이 효율적이다. 이 레벨부터는 철저하게 영-영 어휘 시험을 치르게 하는 것을 추천한다. 가령 영어 뜻을 영어로 제시하고 해당 표제어를 적으라는 방식이다. 이때 영단어의 뜻을 제대로 이해하기 위해서 직독 직해 훈련을 하는데 이 훈련을 통해서 아이들은 영어 문장을 청크로 나누고 문장의 구성 성분 분석을 통해 영문법의 큰 틀을 볼 수 있게 된다.

학부모님들이 가장 많이 하는 질문 중의 하나는 바로 어휘에 대한 것이다. 그런데 내가 보아온 어휘 학습법 중에 가장 효율적인 것은 영어 독서를 통해 습득하고 정기적으로 의식적인 반복이 일어나게 하는 학습으로 이어지는 것이다.

여기서는 미국 학년 1~4학년 수준의 아이들을 위한 어휘 학습만을 중점적으로 알아보았다. 이보다 더 높은 단계의 어휘 학습의 경우, 4,000 단어 시리즈 3단계 정도를 마무리한 후 표현 확장을 위한 어휘 공부가 필요한데 토플 주니어 준비용 교재들이 도움이 된다. 이어서 어원 중심의 어휘집과 토플 실전 어휘집을 마스터하면 어느 정도의 명시적인 어휘 학습은 완성된다. 최종적으로 개인의 관심사에 대한 글이나 영상 등을 찾아보면서 자연스레 영어 어휘에 노출되는 시간을 늘려나가면 된다.

. . . . . .

15

Grade 2~5 수준,
영어 책 읽는 아이들을 위한 문법 및 쓰기 학습 팁

학생들이 챕터북이나 쉬운 소설류를 잘 읽어낼 수 있게 되면 부모님들은 이제 디스커션이나 디베이팅, 에세이 쓰기 등 사고력을 확장할 수 있는 활동을 하는 일에 대한 관심이 높아진다. 그런데 실상은 오랫동안 영어를 배워 왔음에도 불구하고 영어로 자기소개 글을 쓰는 것조차 힘들어하는 아이들이 다수이다.

영어로 잘 쓰기 위해서는 많이 생각하고, 자주 써보고 또 본인이 자주 저지르는 실수에 대해 생각해 볼 수 있는 여유가 필요하다. 이 모든 것은 단기간에 이루어지기 힘들며 체계적인 관리를 통해서만 가능한데 꾸준히 좋은 글을 읽고 쓰는 일에 시간을 할애하는 것이 힘들 만큼 바쁘게 살아가는 학생들을 보면 마음이 찡해진다.

어휘만큼이나 문법과 영어 쓰기 수업에 대한 관심도 높은데 거듭 강조하자면 학생들이 문법 사항과 좋은 글을 쓰기 위한 기술을 배우기 전에 일단은 자신의 아이디어를 쏟아내는 일에 익숙해지는 것이 더 효율적이다.

영어 원서 수업을 통해 충분히 글 쓰는 연습을 거친 후 적어도 초기 챕터북 이상의 영어 원서를 읽기 시작했을 때 체계적인 영어 문법 공부를 시작하는 것을 추천한다. 물론 어휘를 배우면서 했던 영-영 의미 파악을 위한 직독 직해도 어법이나 문법의 영역에 속한다고 볼 수 있다. 여기서 말하는 문법 학습은 체계적이고 의도적인 중학교 내신 준비를 위한 영문법 공부를 말한다.

영어책을 읽는 아이들을 위한 영문법 수업은 달라야 하는데 여기서 말하는 영어책 읽는 아이들이라는 의미는 영어를 모국어 습득 방식으로 배워 온 아이들을 포함한다. 영문법의 숲을 먼저 소개한 이후에 본인의 롸이팅에서 어떤 오류들을 자주 만들어내고 있는지 보게 하는 과정이 영어도서관 수업을 통해 일차적으로 여러 번 이루어진 이후의 이야기이다. 먼저 본인이 쓴 글에 선생님이 밑줄만 그어주면 스스로 고쳐보는 과정이나 친구의 글을 함께 수정해 보는 과정을 거친다. 이어서 가장 기본적인 문법 교재를 가볍게 한 번 풀어보면서 기초적인 개념에 대해 명시적인 설명을 듣는다. 다음으로는 영문법 개념서를 통해서 앞에서 배운 영문법 개념을 한 번 더 정리하며 발표수업을 하거나 백지 시험을 친다. 마지막으로 고급 유형과 서술형이 포함된 영문법 교재를 풀면서 본인이 이해한 것과 놓친 부분을 찾아낸다.

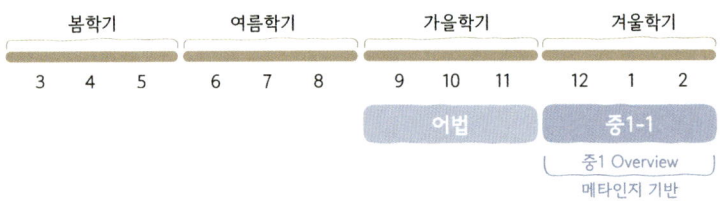
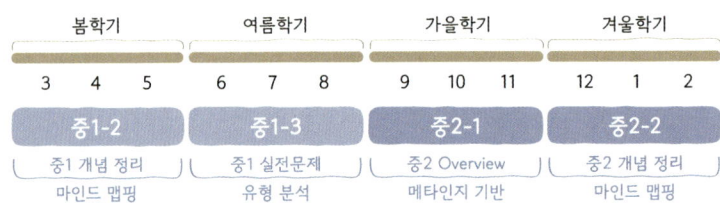
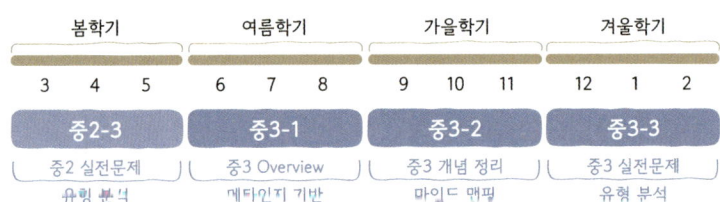

iB(i-Bridge) 프로그램 : 문법 로드맵

수행 평가는 따로 준비해야 할까

영문법을 제대로 배워온 학생들은 중학교 2학년이 되기 전에 고등 수준의 영문법까지 마무리하게 되어 중학교 수행평가 준비가 별도로 필요한 것은 아니지만 학교별로 지난해 유형 정도는 한번 찾아보는 것을 권장한다.

'영어책 읽는 아이들을 위한 학생들을 위한' 그리고 '모국어 습득 방식으로 영어를 익히는 중인' 학생들을 위한 문법 수업은 시중의 문제집을 사용하고 있더라도 별도의 워크북이 필요하다. 그 이유는 영문법을 배우고 정리하는 순서가 조금 다르기 때문이다. 10단계를 촘촘히 모두 진행해야 하는 경우도 있지만 몇몇 단계를 건너뛰는 경우도 있다.

· · · · · ·

16

Grade 4~8 수준,
영어 인증 시험(토플 등)을 준비하는 아이들을 위한 팁

토플의 지문은 수능 영어처럼 그 길이감이 길고 또한 말하기나 쓰기와 같이 표현 영어의 영역도 테스트하고 있어서 오랜 영어 독서의 힘을 빌리지 않고는 고득점을 받기 힘든 시험임이 분명하다. 일씩부터 영어를 접한 학생들이 초등 고학년이나 중학생이 되면 토플 공부를 시작하게 되는데 토플 시험 점수를 위해 공부하는 것은 옳은 방법이 아니다. 평소에 꾸준히 영어 실력을 닦아놓은 상황에서 시험 점수가 필요한 때 딱 3개월 정도 문제 유형에 관한 공부나 기출문제를 익힌 후에 시험을 보면 된다. 그러니 엄밀히 말해서 토플 공부를 시작한다는 것은 토플형 공부를 한다는 것이 맞는 표현인 듯하다.

어떤 대형 어학원에 학생을 보내는 학부모는 아이의 레벨이 바로 부모의 완장이 되기도 한다고 표현한 적이 있다. 하지만 기초가 부족한 아이들의 경우 레벨이 올라감에 따라 결국에는 너무 어려워서 핸들링하지 못하는 순간이 오고 그 결과 진짜 영어공부의 골든 타임을 놓칠 수 있다.

영어 학원 레벨 테스트 후에 상담을 진행하다 보면 부모님들이 영어 시험의 의미와 그 레벨링 기준에 대한 이해가 부족하다는 것을 느낀다. 아이는 이제 미국 학년 기준 2~3학년 수준인데 "우리 아이 토플 시험 봤어요."라는 말씀을 하시는 경우가 있는데 알고 보면 같은 시험 출제 기관에서 나온 초등생이나 중학생 대상 시험을 토플이라고 표현하신 것이다.

영어 공인 인증시험은 토셀, 토플 주니어, 토플 등과 같이 단계마다 성취되어야 할 항목들을 제시해 준다는 점에서 긍정적 효과가 있다. 학원이나 여타 기관의 판단에 의존하거나 가볍게 생각하시 말고 초등 4학년 이상이라면 2년에 한 번씩은 시험을 치러보는 것도 좋을 것이다. 어떤 시험이든 시험을 치기 전 1주일 전에는 모의고사 1~2회 정도는 풀어봐서 유형에 익숙한 상태여야 정확한 결괏값을 얻을 수 있다.

. . . .

Part 4

수준별 & 연령별
iB(i-Bridge) 프로그램 실천 전략

2부 연령별 맞춤 로드맵

. . . . . .

17

초등 1~3학년 수준, 읽기 능력의 기초를 다지는 '스펀지 영어 독서'를 하라

파닉스 꼭 해야 할까요?

언젠가 영어 소리 노출값이 높은 아이들은 파닉스 수업 없이 자연스레 읽기 단계로 진입할 수 있느냐는 의문을 가진 적이 있다. 입학 요청은 오는데 거듭 거절하기 힘들어서였다.

이 학생들을 한 자리에 모아두고 내가 직접 그룹 테스트를 했다. 그림책을 보여주며 대화를 끌어내니 너무 적극적으로 수업에 참여해 주었다. 그런데 알파벳 매칭 게임이라도 시작하려고 하면 집중을 못하는 모습을 보였다. 영어유치원 2년 차인데도 아직 기초 파닉스가 되지 않은 아이들도 다수 있었다. 파닉스가 되지 않아 읽지 못하는데 영어로 말하기는 유창하게 할 수 있는 아이들이 다음 단계로 선택할 수 있는 교육기관이 많지 않겠다는 생각에 걱정이 스쳤다.

이 학생 중 일부는 원어민 수업을 이어 나가다가 2~3학년이 되니 정체가 와서 고민하게 될 것이고 어떤 학생들은 대형 어학원 기초반부터 시작해서 이제껏 쌓아온 것을 포기한 채 시간을 허비하게 되지 않을까 하는 생각을 한다. 어떤 방법이 맞고 틀리고의 문제는 아니지만 이 결과를 보며 학부모는 늘 1년 후에 선택할 커리큘럼을 먼저 고려한 상태에서 현재의 학습을 이끌어가는 것이 옳다는 생각을 했다. 이상적인 경우에는 2년 정도 앞서서 결정하고 1년을 남겨놓은 시점에서 다시 판단한다면 실패를 줄일 수 있을 것이다. 또 어린 학생들을 테스트할 때는 면밀한 관찰이 필수라는 생각을 다시금 갖게 되었다.

7세 이전에 파닉스를 접한다면 가장 즐거운 방식으로 파닉스뿐 아니라 영어 소리 노출과 영어 텍스트에 대한 이해도도 높여가며 동시에 진행하는 것이 좋은 방법일 것이다. 하지만 7세 이후의 경우라면, 아주 기본적인 내용만 빨리 마스터하고 직접 적용하여 읽는 단계로 넘겨줘야 한다.

영어유치원 보낼 걸 그랬나?

초등 1학년부터 체계적인 영어를 시작하려 한다면 iB(i-Bridge)프로그램의 파닉스 수업을 추천한다. 이 시기야말로 영어 독서에 푹 빠져서 읽을 기회이기 때문이다. 하지만 영어유치원에 다니는 학생 중 1~2년 차 졸업 예정자의 경우는 현재 수강하고 있는 프로그램을 연계하여 3년은 유지하실 것을 추천한다. 물론 현재 다니고 있는 학원과 영어 독서를 병행할 수 있다면 더 빠른 성장을 하겠지만 여러 가지 외부 요인으로 인해 하나만 택해야 한다면 초등 1~2학년 말까지는 기존의 학원에 더 집중하시라고 권한다.

두 가지를 연계하되 기존 프로그램에 조금 더 집중하시라고 말씀드리는 이유는 영어 듣기와 말하기가 어느 정도 틀을 완성하는 데 약 3년 정도의 시간이 소요되기 때문이다. 자연스러운 노출을 통해 영어 말하기가 되려면 매일 4~5시간 이상 3년 정도의 시간이 필요하다. 그래서 이미 어떤 커리큘럼을 통해 1~2년 정도 진행된 경우라면 기존 프로그램에 조금 더 집중할 것을 추천하는 것이다.

읽기 능력의 기초를 다지는 '스펀지 영어 독서'

스펀지 영어 독서는 일단 가장 기본적인 영어 소리 노출이 충분히 되었다는 가정하에 시작한다. 그것이 체계적이거나 적정 수준 이상의 성적이 나오거나 하지는 않아도 된다. 명시적인 파닉스 학습을 한 달 정도 하는 것으로 시작해 규칙적인 영어책 읽기 연습을 통해 어휘, 배경지식, 어법 지식 등을 쌓아가면 된다.

다음은 주 2~3회 2시간 정도 등원하면서 4년째 다니고 있는 학생의 데이터인데 현재 토플주니어 수업을 하면서 영어 독서를 하는 동시에 에세이 쓰기 훈련 중이다. 영어 리딩 레벨은 5점~6점 사이이고 영어로 본인의 의견을 말하고 쓰는 것에 어려움 없이 진행 중이다.

초등 1학년 겨울에 처음 만났던 순간부터 약 2년여 후인 4학년 이른 봄까지의 성장을 보면 이제 초등이 되어 영어 독서를 시작하려는 학생들에게 동기부여가 될 것 같다.

"1년 후면 챕터북 읽을 수 있어요?" 이 학생 어머님이 첫 싱딤 때 하셨던 질문인데 이에 대한 나의 대답은 "아니요. 불가능합니다. 아마 책을 스스로 읽게 되는 정도 예상합니다."였다. 원래 영어 방과 후 수업이 있는 유치원에 다니던 아이였고 어머님이 집에서 엄마표를 진행하던 중이었다는 것을 나중에야 알고는 어머님이 왜 그런 질문을 하셨는지 이해할 수 있었다.

사실, 아이의 레벨 테스트 결과만 두고 보면 영어를 영어로만 물어보는 경우에 답을 고르기 힘든 경우였다. 말하기와 쓰기는 제한적인 경우였지만 초반에 체계적 독서를 하면서 레벨이 가파르게 오를 수 있었던 것은 음소인식이 되어 있고 파닉스 문제에 익숙하지는 않았지만, 영어책읽기 독립을 위한 훈련 중이었기 때문이다. 그렇게 초반에는 다른 학생들이 26개월이 걸려서 이룰 성취 기준을 단 8개월 만에 이루었지만, 또 시간이 흐르고 학년이 올라감에 따라 수학이나 등등 다른 교과로 인해 영어 독서를 게을리하게 되었을 때는 적절하게 어학원 수업을 수강하면서 도약할 수 있었던 케이스다.

개별 특징으로는 영어단어 암기를 너무 싫어해서 그 부분에 대한 도움은 항상 필요했는데 대신 창의력이 있고 다방면에 대한 배경 지식이 있기에 긴 지문들을 읽었을 때 이해가 빠르다는 강점이 있었다.

한참 후에 어떻게 영어 독서를 지속하면 영어 리딩 레벨을 8점대로 올릴 수 있을까에 대한 이야기를 하다가 문득 아이에게 "처음 여기 왔을 때, 엄마가 나에게 어떤 질문 했는지 알아?"라고 물었더니 이제 5학년인 아이가 해맑게 웃으며 "엄마가 그랬어요. 원장님이 처음 2년은 아무것도 안 보이고 점수도 안 보일 거라고 하셨었다고요. 그런데 진짜 2년 지나고부터 영어 리딩 레벨이 엄청 올랐어요."하며 말하는데 너무 사랑스러웠고 어머님께 감사했다. 이런 이야기들도 아이와 공유해주시면서 동기부여 해주셨구나 하는 안도감 때문이었다.

영어유치원을 2년 이상 다닌 아이와 일반 유치원에서 방과 후 수업만 받았을 뿐인 아이가 같은 반에 배정을 받는 경우가 있다. 학부모님들 사이에서 영어 학원 레벨에 대한 스트레스도 점점 증가하게 되는 초등 저학년. 이 시기의 시험 점수는 아이의 그 날 컨디션이나 익숙한 유형의 시험인지 등의 요인에 따라 달라질 수 있으므로 너무 절대적으로 믿고 걱정하지 않아도 된다.

가령 파닉스 시험에서 만점을 받는 것과 영어책을 정말 유창하게 읽는 동시에 즐겨 읽는 것은 다른 문제일 수 있다. 게다가 같은 반에 있는 학생들의 듣기나 읽기 수준은 비슷하지만 말하기나 쓰기 실력에 있어서는 차이가 큰 경우도 종종 있다. 지금부터가 중요하다.

Case Study #01027

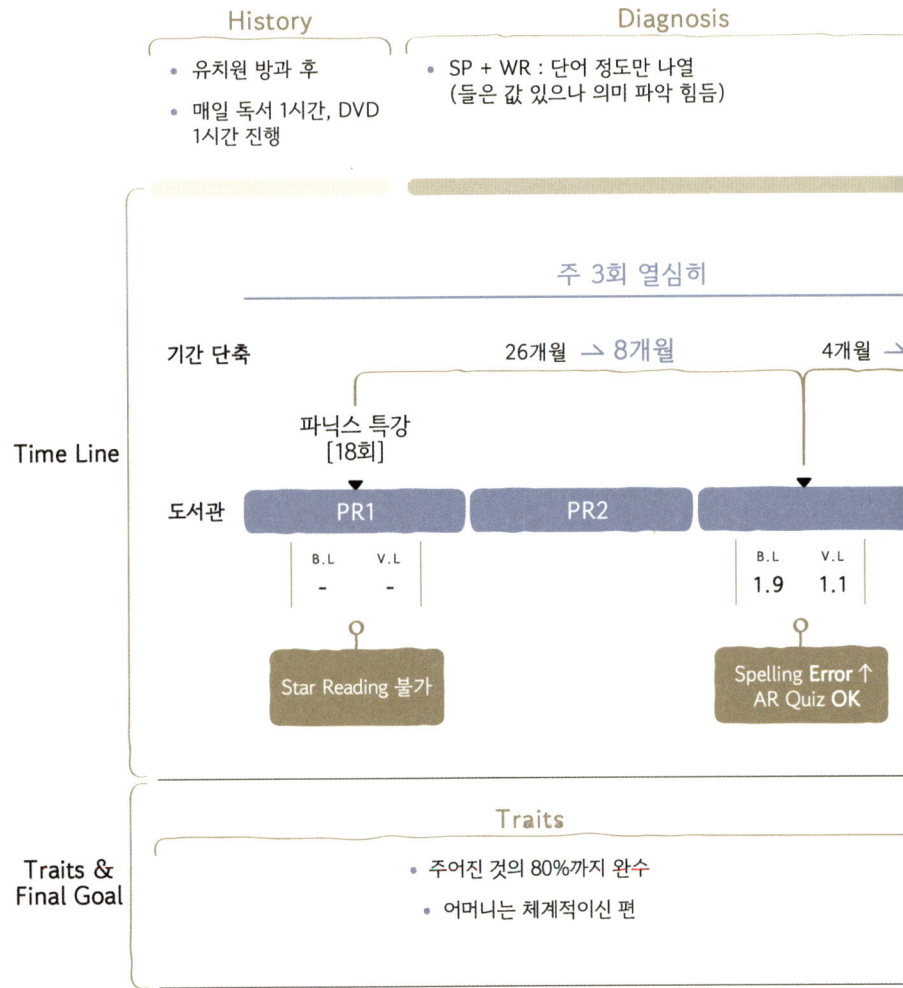

Solution

- ✓ Phonics 수업 추천
- ✓ Phonics Readers 같은 짧은 책으로 시작
- ✓ 주3회 수업 추천

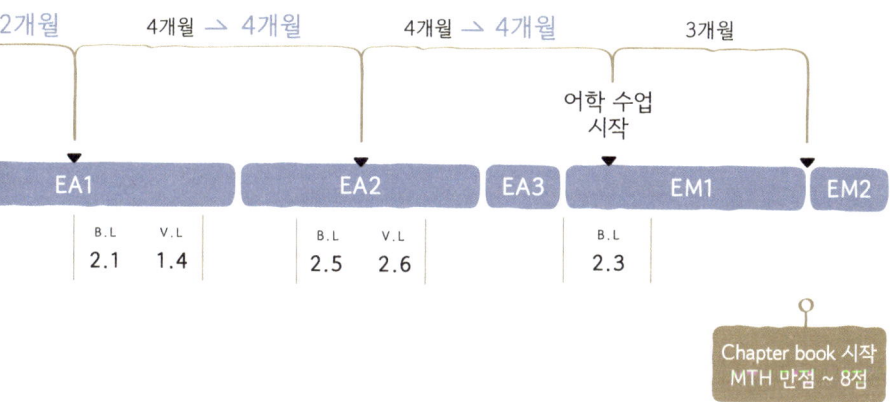

Final Goal

- ✓ 4학년 겨울 : 소설류 SP & WR
- ✓ 5학년 여름 : TOEFL Jr. & 중학문법
- ✓ 6학년 여름 : TOEFL

· · · · · ·

18

초등 4~6학년, 영어책 레벨을 올리기 위한 '단거리 영어 독서'로 시작하라

영어 학습의 고삐를 '영어 성적'이 쥐느냐 '아이가 쥐느냐'는 결국 초등학교 때 또는 늦어도 중학교 1학년 겨울방학까지 영어 리딩 레벨을 최소 6점대에서 8점대 정도로 만들 수 있느냐 없느냐에 달려있다고 해도 과언이 아니다. 결국 해낸 사람들은 영어 원서 읽기를 적극 추천하지만, 중간에 흔들려서 돌아선 사람들은 책을 읽을 시간에 공부를 더 하라고 조언하기도 한다. 어떤 선택을 하든 그것을 옳은 선택으로 만들기까지 노력해야겠지만 학습만으로 쌓아 올린 실력과 영어 원서 읽기를 통한 실력 향상은 그 깊이가 다르다.

아이가 초등 4학년이 되면서부터 중학교 영어 걱정을 시작한다. 하지만 어떤 실천 포인트를 찾지 못하고 그냥 지나치기 일쑤다. 그리고 또 5학년이 되면 한 번 더 들썩이는데 이번엔 그 걱정 정도가 더 심하다. 그래서 일부 마음 급한 학부모님들은 아이들의 어학원 공부를 정리하게 하고 내신 준비 학원에 보내거나 과외 선생님에게 맡겨 두고 잘 되겠지, 하며 자신을 위안한다. 늦어도 초등 6학년 10월이 되면 최상위권 아이들을 제외하고는 내신을 준비하는 학원으로 옮길 것을 고려하게 된다.

선배 엄마들은 어학원을 다녀도 중학교 가면 내신 때문에 고생하게 되니 초등 고학년이 되면 과외로 돌리거나 종합 학원에 보내는 등 내실을 다지는 공부를 하라고 조언한다. 문법 위주의 과외를 시작한 아이를 바라보는 부모는 여태껏 유지해 온 영어 실력, 특히 말하기 실력 등이 전체적으로 떨어질까, 걱정이다. 엄마표로 혼자 공부하던 아이들도 이제는 영어학원에 가야 하나 고민하게 된다. 영어 기본기 쌓기에 실패한 아이들은 3~4학년에 옮긴 학원에서도 적응하지 못하고 이제는 영어 포기자가 되려나 고민이다.

몇 년 전만 해도 6학년 10월이 되면 집중 과외 학습을 받을 것을 가장 추천하곤 했다. 물론 영어 독서는 어떤 방식으로든 지속한다는 가정하에서 말이다. 그래도 "문법 수업과 영어 독서 중에 어떤 것을 고를까요?"하고 물으시는 분들에게 고민 없이 "문법 수업이요."하고 말하는 사설 영어도서관 원장이었다. 그러는 사이 내신 시험의 유형과 수능 시험의 유형이 더 높은 수준의 독해력을 요구하는 방식으로 바뀌었다. 게다가 중간에 자율 학기제라는 시간이 있어서 학습적인 측면의 공부는 최대한 미뤄두고 기본에 충실히 하라고 권하는 것이 옳다는 생각을 하게 되었다.

영어 독서를 하기엔 너무 늦은 건 아닐까?

영어 독서 기반의 영어 학습을 하는 데에 늦은 때란 없는 것 같다. 다만 학습과 습득의 비율 그리고 최종 성취 목표에는 약간의 수정이 필요하다. 다음의 두 학생의 데이터를 보면 알 수 있다.

첫 번째 학생의 경우에는 4학년 초반에 리딩 레벨 2.1으로 시작해서 영어 독서와 어학원 수업을 병행한 경우인데 리딩 레벨이 4점을 넘기 전까지는 주 1회 60분 수업인 어학원 수업과 주 3회 정도의 영어 독서를 병행했다. 그 후 리딩 레벨 4점대 이후부터는 주 2회 어학원 수업과 영어 독서 주 2회를 진행하다가 지금은 중학생이 되어서 주 2회 어학원 수업과 주 1회 정도 영어 독서를 병행하고 있다.

두 번째 학생의 경우에는 4학년 겨울에 리딩 레벨이 1.6이고 영어 어휘력이 유치부 수준이었는데 지금은 성취 기준

- ① 중학교 1학년 겨울까지 :
  토플 점수 80점 이상 & 중학영문법
- ② 중학교 1학년 겨울까지 :
  영어 리딩 레벨 6~7점 & 중학영문법

사이를 오가고 있다. 이 학생의 경우에는 단시간 내 최대 효과를 위해서 영어 리딩 레벨이 3점 중반대를 넘었을 때부터 어학원 수업을 주 2회 수업으로 늘려서 진행한 경우이다. 안정적인 4~5점대에 진입한 이후에는 다시 영어 독서와 함께 영어 토론과 에세이를 강조한 수업을 하였다.

이렇듯 초반에는 영어 리딩 레벨을 올리기 위한 최적화 방법으로, 그 이후에는 개별로 부족한 영역을 보충하고 있다.

Case Study #02519

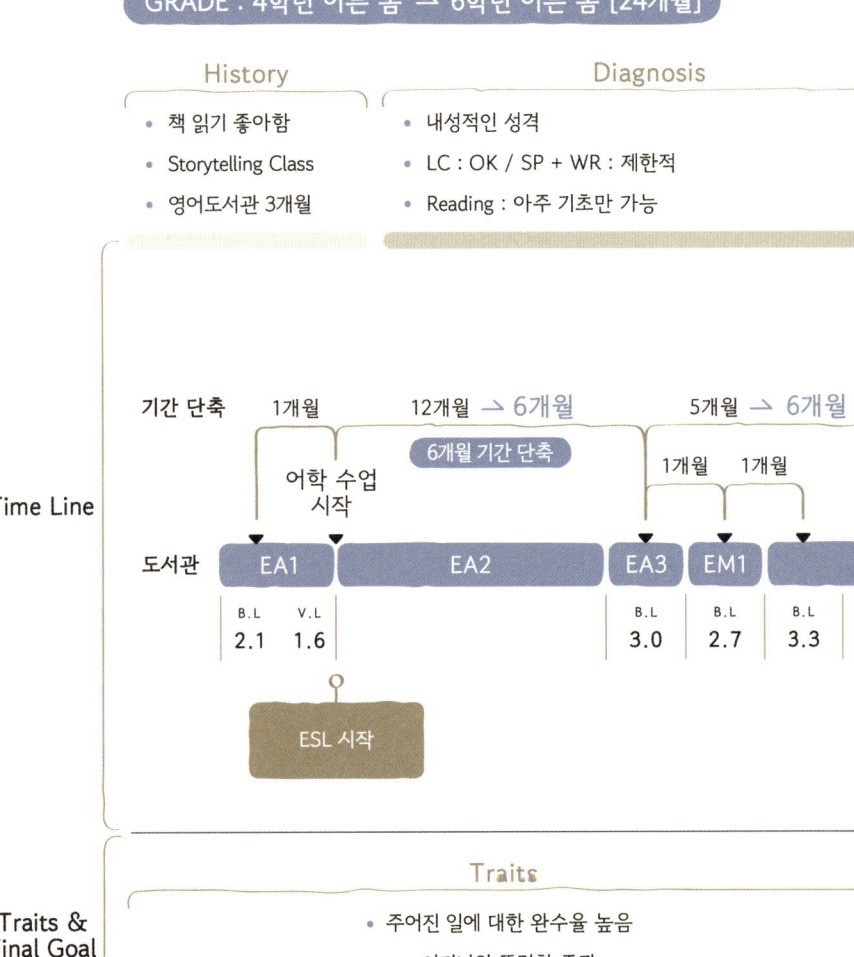

Solution

✓ 주3회 이상 독서
✓ Reading Fluency 훈련

Final Goal

✓ 국제중 or 특목고 입학

Case Study #00961

GRADE : 4학년 겨울 → 6학년 늦은 봄 [17개월]

History
- 동네 학원
- 스스로 공부

Diagnosis
- 기본 리스닝 가능
- 단어 음절 분리 안됨

Time Line

엄마의 계획대로 천천히 진행함

기간 단축 : 24개월 이상 → 8개월

주2회 [3개월]

도서관	EA1		EA2		EA3	EM1	
	B.L	V.L	B.L	V.L	B.L	V.L	B.L	V.L
	1.6	P	1.7	P	2.6	2.2	2.9	2.5

ESL 시작

Traits & Final Goal

Traits
- 소심하지만 열정있는 학생
- 학원에 대한 신뢰

Solution

✓ 주 2~3회 책 읽은 후 특강
✓ 기초 단어 다지기

학습량 늘이길 원하심

어학 수업
시작

EM2

B.L	V.L		B.L	V.L	B.L	V.L	B.L	V.L	B.L	V.L
3.2	2.9		3.7	3.5	3.0	2.8	3.9	3.7	4.5	4.3

중급문법 개념완성

Final Goal

✓ 미정

· · • • • ·

19

중등 1~2학년,
균형 있게 읽는 '포트폴리오식 영어 독서'를 하라

중학교 입학 전 떨렸던 마음은 시간이 흐르면서 조금은 사그라지는 듯하다. 초등학교 때 꾸준히 어떤 방식으로든 영어 학습을 유지했던 경우 중학교 첫 시험에서는 대다수의 아이가 좋은 점수를 받기 때문이다.

보통 영어 내신 시험은 선생님이 수업 중에 배부해 주신 영-영으로 쓰인 단어 리스트, 작년 시험지에 나온 유형 중 한두 가지, 교과서 본문 지문 및 외부 모의고사 듣기 기출 지문, 서술형이라고 불리는 문법 문제, 그리고 논술형이라고 불리는 영작 문제 등으로 구성된다. 학교마다 다르긴 하지만 경쟁이 심한 학군지를 제외하고는 시험 자체가 그리 어렵지는 않다. 혹시 한두 개 오답을 쓴다고 해도 몰라서 틀렸다기보다는 실수로 틀린 경우가 많아서 대수롭지 않게 여기기도 한다.

중학생이 되면서 절대적으로 시간이 부족해지므로 개인별 북 플랜을 구성할 때, 관심 분야의 지식 책이나 위인전으로 시작하기를 권하고 있다. 귀한 시간을 쪼개어 영어 독서를 하는 만큼 영어 실력 향상에도 도움이 되고 나중에 '읽은 영어책 리스트'에 넣어도 손색이 없으면서 자신의 관심 분야와 관련이 있는 책 위주로 찾아서 읽도록 하기 위함이다. 대략적인 추천 도서는 다음과 같다. 아주 최소한의 리스트만 담았다.

[추천 도서]

1. 위인전과 고전의 쉬운 버전
   - 《Classic Starts Series》
   - 《Who Was Series》

2. 쉬운 영어로 쓰인 추천 도서 목록에 자주 보이는 책들
   - 《The Invention of Hugo Cabret》
   - 《Mr. Popper's Penguins》
   - 《Number the Stars》
   - 《The Hundred Dresses》

3. 어렵지만 한 번쯤은 읽어볼 만한 책들
   - 《To Kill a Mockingbird》
   - 《Hoot》
   - 《Hole》
   - 《Bridge to Terabithia》

그런데 다수의 중학생이 중학교 2학년 중간고사 이후에 영어 시험 점수의 하락으로 힘들어하는 경우를 본다. 학생들은 대략적인 이해는 되었는데 선택지에 나오는 어휘를 모르거나 실수로 틀렸다고 말한다. 그래서 중학교 영어 실력은 문법과 어휘가 가장 중요하다는 인식이 생기기도 하는 것 같다. 그런데 여기서 간과된 문제는 바로 학생의 자기주도 학습능력 부족, 전략적인 문제 풀이 습관의 부재, 그리고 모국어 문해력 부족 등이다. 그래서 다음 시험에서도 같은 실수를 반복할 가능성이 크다.

중학생들은 아직 인지적으로 완성되지 않은 나이이다. 그리고 사춘기가 와서 시간을 허비하는 경우도 있다. 그래서 영어 리딩 레벨이 4점 이상인 학생들의 경우에는 영어 원서를 꾸준히 읽으며 수준별로 착실히 어휘를 다져가는 방법이 더 도움이 되기도 한다. 이런 학생들은 내신 시험 기간에만 1:1로 6회 정도 해당 학교의 내신 문제 리뷰 수업을 진행한다. 평소에는 고등학교 내신과 수능 영어를 대비하여 영어 원서 읽기와 영어 학습서 풀이를 병행한다. 분량적으로 많고 이해되지 않은 학습보다는 영어 독서 습관 형성을 통해 자기주도 학습 습관을 잡고 분량을 줄이더라도 전략적인 문제 풀이 습관을 잡는 것이 더욱 도움이 되기도 한다.

· · · · · ·

20

중등 3학년 이상,
영어 공부가 싫어질 때 '틈새 영어 독서'를 하라

중학교 3학년 이상이고 지금껏 영어 독서를 해본 적이 없는 학생도 영어 독서를 시작해야 할까? 나의 대답은 '물론, 해야 한다.' 이다. 단, 영어 리딩 레벨을 기준으로 4레벨 이상이 되는 학생들에게 권하는 방법이다. 중학교 3학년 이상인데 아직 리딩 레벨이 4점 이하라면 차근히 쉬운 영어 학습서를 통해 실력을 쌓아가는 편이 더 도움이 될 수 있다. 그런데 파닉스나 영어로 소리 내어 읽기가 약한 경우라면 영어 학습서를 공부하더라도 시험 점수의 성장을 기대하기 힘들 수 있으므로 기본으로 돌아가 3~6개월 정도 쉬운 영어책을 듣고 읽는 연습이 필요할 수도 있다.

고등학생들 수업을 진행해 보면 학생들의 영어 실력이 중학교 때 실력인 경우가 허다하다. 사실 중학교 진학과 동시에 학교생활에 적응하고 닥쳐오는 시험에 대비하느라 정말 분주하다. 1년 중에 오롯이 내신 등이 아닌 진짜 실력 향상을 위한 공부에 투자할 수 있는 시간은 길어야 3달이라고 한다. 바로 방학이다. 그마저도 학교에서 특별 수업을 진행하게 되면 그 진도를 쫓아가기도 힘들다.

어려서부터 영어를 배워 온 일반적인 중학생들은 영어 리딩 레벨 4점과 7점 사이에 머물러 있다. 중학교 내신 시험 정도는 준비하면 좋은 점수를 받을 수 있으나 고등학교 1학년 2학기 이후의 영어 공부를 고려한다면 걱정이 되는 수준이다. 이것은 해당 학생들이 아직은 유창한 독자가 아니라는 것을 의미한다.

유창한 독자가 되기 위해서 주어진 글을 빠르고 정확하게 읽어낼 수 있어야 하는데 영어 학습서처럼 짧은 지문을 읽는 데만 익숙해지면 긴 글을 읽는 일이 부담스럽다. 이럴 때 할 수 있는 것이 틈새 독서이다. 틈틈이 조금씩이라도 읽어서 긴 영어책을 읽어내는 호흡을 느껴본다면 나중에 분명 큰 도움이 될 것이다.

영어 학습적인 측면뿐 아니라 학생들의 정서적인 공감과 부담스럽지 않을 수준을 고려하여 몇 권씩만 추천한다.

[추천 도서]

1. 중학교 1~2학년 수준의 영어
   - 《Nate the Great》
   - 《Silly Stories》

2. 중학교 2 ~ 3학년 수준의 영어
   - 《Judy Bloom Series》
   - 《Franny Series》
   - 《Roald Dahl Series》
   - 《여학생이라면, Jacqueline wilson Series》
   - 《남학생이라면, How to Train Your Dragon Series》

2. 고등학생 이상 수준의 영어
   - 《A Series of Unfortunate Events》
   - 《Benedict Society》
   - 《A Longway from Chicago》
   - 《Charlotte's Web》
   - 《Plain and Tall》

Part 5

. . . .

소소한 점선들이 연결되어 꿈을 말하다

· · · · · ·

21

영어 독서가 중요한 시대

아이들이 즐기면서 책을 읽을 때, 아이들이 책에 사로잡힐 때, 아이들은 부지불식간에 노력하지 않고도 언어를 습득하게 된다. 아이들은 훌륭한 독자가 될 것이고, 많은 어휘를 습득할 것이며, 복잡한 문법 구조를 이해하고 사용하는 능력이 발달되고, 문체가 좋아지고, 철자를 무난하게(완벽하지는 않겠지만) 써낼 것이다.

- 《읽기 혁명》 중 -

"영어 학원 다니기 싫어해서 과감히 안 보낸 지 6개월이 지났어요. 영어 독서가 좋다는 건 알지만 영어 독서만으로 영어가 될까요? 엄마 마음은 좀 불안해요. 다른 아이들은 영어 학원에서 엄청나게 공부할 텐데요."

학부모 상담을 할 때 자주 듣는 말이다. 너무 자주 듣는 질문이라서 어느 날인가는 왜 이런 질문들을 하는지 고민해 보았다. '영어 독서가 필요하다는 걸 정말 알까?' '영어 독서만으로 영어가 된다고 생각하는 걸까?' 결론은 영어 독서가 영어 실력 향상의 측면에서 유용한지를 묻는다기보다 나에게서 확신을 얻고 싶어 한다는 것이다.

'영어 독서만으로 영어가 될까요?'라는 질문에 대한 나의 답변은 '그때그때가 달라요. 아이랑 영어 독서 코치하기 나름이죠.'이다. 왜냐하면 원어민이 아닌 이상 아무리 노력해도 넘을 수 없는 절대치가 있어서 언어는 평생 배워야 하는 것이고 또 항상 변하기 때문이다. 또한 원어민이라고 해도 모국어를 이해하는 정도에는 차이가 있다는 것은 누구나 아는 사실이기에 '원어민처럼 영어를 구사한다.'는 표현도 엄밀히 말하면 성립될 수 없는 것이다.

하지만 '영어가 된다는 것'의 의미가 한정적이라면 나는 꽤 긍정적이라고 말할 것이다.

- ✓ 영어로 의사소통이 가능
- ✓ 중고등학교 영어 내신 시험에서 A
- ✓ 수학 능력 시험에서 외국어 영역 1등급
- ✓ 토플이나 아이엘츠 시험 고득점

이라면 충분히 가능하다. 주위에서 볼 수 있는 영어를 잘하지 못하는 엄마가 홈스쿨링만으로 영어 성적도 좋고 의사소통도 자유로운 언어 천재를 키워낸 이야기들이 그 증거이다.

맬컴 Malcolm Gladwell의 1만 시간의 법칙에 따르면, 누구라도 하루 4시간씩 8년 동안 365일 꾸준히 노력한다면 어떤 분야에 대해 전문가 수준이 될 수 있다고 말한다. 단, 아무 의도 없는 1만 시간이 아니라 의식적인 연습이나 훈련을 통한 1만 시간이어야 한다고 말하고 있다. 실제로 우리가 새로운 스킬을 배울 때, 2년 정도 몰입하면 전문가 수준은 아니더라도 웬만큼 잘하는 수준을 마스터하는 경험을 해보았을 것이다. 마음먹기에 따라서는 어떻게 보면 너무나 간단한 일이다.

불확실성에 찬 상태로 영어 독서를 한다면 일단 충분한 영어 독서량을 채우는 것에도 실패할 확률이 높다. 영어책은 많이 읽었지만 이해하며 읽은 책의 권수는 너무도 적고, 책을 읽는 동안 말하기나 쓰기 연습은 전혀 한 적이 없거나, 현 수준의 영어책을 이해할 수 없게 된 지 오래인데 자꾸 새로운 책을 더하기만 해서 아이가 영어책에 질린 경우도 보았다. 아이들도 정확한 목표가 있을 때 비로소 더욱 몰입하게 된다. 중장기 계획이 있어서 시기별 상황별로 유연하게 대처해야 함은 물론이고 다양한 컨텐츠를 활용하거나 단순한 컨텐츠라도 다각화시켜서 영어책을 읽는 아이들로 하여금 호기심을 불러일으켜야 하기에 코칭 하는 사람의 데이터를 기반으로 한 정확한 계획과 확고한 신념이 정말 중요하다.

돌아보니 아이들이 맘껏 독서할 수 있는 환경을 침해당하지 않으면서 인증 시험에서도 결과를 낼 수 있었던 것은 너무나 감사한 일이다. 교사와 학부모가 기본적인 커리큘럼의 방향에 대한 이해도를 바탕으로 아이들을 설득하고 이끌어왔는데 이제는 본인들이 영어가 제일 흥미로운 과목이라 말하고 영어권 문화에 관심을 보이는 동시에 영어로 동화 쓰기나 소설 쓰기 수업을 신청하고 있다.

그 어느 때보다도 문해력과 인문학에 대한 관심이 높다. 인공 지능을 기반으로 한 제품들이 등장하고 표준화와 자동화 그리고 온라인 플랫폼에 대한 관심이 최고조인 이때 오히려 강조되고 있는 것이 아날로그적 학문이며 감성이라는 것이 아이러니해 보일 수 있다. 그러나 우리가 살아갈 다음 세상에서는 인공지능을 지배할 수 있는 기획력과 창의성을 갖춘 인재가 필요할 것을 염두에 둔다면 그리 놀라운 일이 아니다. 단순하게 모국어가 아닌 언어를 번역하거나 변환해주는 일은 인공지능이 대신할 수 있다 하더라도 사실을 기반으로 종합적인 판단을 하여 필요한 것을 선택하고 적절하게 적용하는 것은 우리의 사고력에 기반을 두고 있기 때문이다.

· · · · · ·

22

아이를 영어 천재로 만드는 방법

정해진 시간에, 정해진 장소에서, 어렵지 않은 영어책으로 독서를 시작해 보자. 그리고 보상으로 아이에게 칭찬을 듬뿍 해주자. 책장 한 칸을 비워서 다 읽은 영어책을 전시하거나 한쪽 벽면에 영어 독서 나무를 붙여두고 책을 한 권씩 읽을 때마다 열매를 하나씩 그리게 하는 것도 좋은 아이디어가 될 수 있다. 혹시 아이가 초등 저학년이라면 함께 영어 독서를 할 수 있는 또래 집단을 만들어주는 것도 추천한다.

《습관의 힘》에서 찰스 두히그 Charles Duhigg 는 '핵심 습관 하나만 바꾸어도 모든 것이 저절로 바뀐다.'라고 말한다. 그는 처음 습관의 힘을 알게 된 것이 어떤 장교가 평화롭게 시위대를 해산시키는 것을 본 이후라고 한다. 광장에 항상 사람들이 모여 있어서 언젠가 선동자가 나타나기만 하면 군중은 시위대로 변하곤 했는데 어느 날 광장에 있던 노점상들을 철수시켰다고 한다. 그러자 배가 고픈 시위 가담자들이 일찍 귀가했고 선동자들이 군중을 결집하려 해도 쉽지 않았다고 한다. 그것이 바로 '핵심 습관'이다. 개인의 삶 혹은 조직 활동에서 연쇄 반응을 일으키는 습관을 의미한다. 그리고 그는 '좋은 습관을 만들기 위해서는 적절한 보상이 이루어져야 한다.'고 말한다.

또한 미국의 철학자이자 교육자인 존 듀이 John Dewey 가 말한 것처럼 아이들도 '중요한 사람이 되려는 욕망'이 있는데 연령에 상관없이 이 아이들이 공통적으로 결핍을 느끼고 있는 것은 바로 '자존감'이다. 본인 스스로에 대한 확신이 부족하니까 움츠려서 그 상황만 회피해 보려 하거나 항상 본인을 주시하고 있는 시선에 대한 반감을 드러내게 되는 것이다. 지금 필요한 것은 바로 징찬이다. 칭찬과 격려를 받으면 열정이 생겨나고 또 열정을 바탕으로 더 노력하게 됨으로써 결과가 더 좋아진다. 그러면 또 칭찬을 듣게 되고 자존감이 높아지면서

선순환이 일어나게 되는 것이다.

. . . . . .

23

똑똑한 영어 독서, 아이의 미래를 바꾼다

"영어로 책을 읽는다고?"

"영어 독서를 해서 '영어 천재'가 되었다고?"

"영어책만 읽었는데 영어 내신 만점에 수능 영어 1등급이라고?"

내 아이가 친구들의 영어 독서 결과에 대한 소식을 듣고 감탄만 하고 있길 바라진 않을 것이다. 뉴스나 신문, 그리고 잡지를 통해서 듣게 되는, 영어를 마스터했다는, 내 아이와는 너무 다를 것 같은 아이들의 이야기에 괜스레 주눅들 필요도 없다. 특별한 아이들만을 위한 것이 아니다. 누구든 하면 된다.

영어 교사나 영어 전문가도 코칭에 어려움을 겪는 것이 영어 독서 교육이다. 아이의 성향과 흥미를 느끼는 분야를 알아야 함은 기본이고 연령별 영어 수준별로 영어 독서를 하면서 느끼는 어려움이 다양하기 때문이다. 그래서 엄마가 배워서 코칭하다가도 진행 중간에는 헤매기도 하고 영어 독서 전문가들조차 명확한 답을 못 찾고 그저 시간이 가면 해결될 것을 믿고 기다리는 경우도 생긴다. 이렇듯 복잡하고 다양한 각도에서의 고민이 필요한 것이 영어 독서를 기반으로 한 교육이다.

직접 부딪힌 아이들이 나를 키웠다. 그런데 뚜렷한 목표 의식 없이 가능할까? 불가능하다. 영어 교재 수업이라면 한 권의 교재를 마치고서 체득된 비율은 다르더라도 얼마 정도 결과를 기대해 볼 수 있으나 독서 교육은 명확한 목적 의식을 가지고 내 아이의 반응을 살펴가며 진행하지 않는다면 실패 위험이 커진다. 그만큼 장시간에 걸친 꾸준한 노력이 필요한 영역이기 때문이다. 대신 한 번 체득된 것은 잊혀지지 않는다.

Epilogue

영어 교육은 발견이다

Epilogue

유학 준비를 하던 중, 특목고 준비생들을 가르치면서 영어 독서가 영어 실력 향상에 도움이 될 수 있다는 가능성을 막연히 느끼기 시작했다. 하지만 그 당시 나는 영어 독서를 영어 학습의 보조 수단 정도로만 여겼고, 다양한 이론적·경험적 근거가 있음에도 영어 독서를 학습의 새로운 대안으로 제시하는 데에는 망설임이 있었다. 영어 독서를 통해 실질적인 학습 효과를 얻으려면 장시간 동안 지속적인 노력이 필요한데, 언어적인 장벽 때문에 학생들이 시작조차 하지 못할까, 걱정되었기 때문이다.

그러던 어느 날, 스티븐 크라센 Stephen Krashen 교수님의 조교였던 한 교육자를 통해 6개월 동안 수업을 들을 기회를 얻게 되었다. 이 인연은 나의 영어 교육 여정에 큰 변화를 불러왔다. 그녀를 처음 만난 것은 어느 봄날, 대학원 봄학기 첫 수업에서였다. 그녀는 미국에서 박사과정을 마쳤고, 국제 독서 전문 학회인 IRA International Reading Association 의 한국지부 책임자로 활동하고 있었다. 스티븐 크라센이라는 '살아 있는 전설'의 제자로부터 수업을 들을 수 있다니 가슴이 설렜다. 특히 그녀가 맡고 있는 IRA는 영어 독서 교육의 언어학적 연구를 활발히 진행하는 기관으로, 그녀의 확고한 교육철학은 내 호기심을 자극하기에 충분했다.

첫 수업 날, 그녀는 교재 대신 《연금술사》의 영어판을 들고 나타났다. 자신의 교육 철학을 간단히 설명한 뒤, 첫 주 과제로 《연금술사》에서 마음에 드는 문장을 15개 이상 골라 자신의 이야기를 만들어 오라는 과제를 내주었다. 겉보기에는 흔히 접하는 '독후 활동' 과제처럼 보였다.

며칠 후, 전공 과제를 마치고 지하철에 올라 책을 읽기 시작했다. 늦은 밤, 몸과 마음이 모두 지친 상태였고, 한적한 지하철 안에서 나는 멀리 떨어진 자리에 기대어 책을 펼쳤다. 반쯤 감긴 눈으로 책을 읽기 시작했을 때, 지하철의 움직임과 함께 시원한 바깥 공기가 스며들었다. 한 페이지씩 읽어 나가며, 나는 오롯이 텍스트에 몰입했다. 그 순간의 행복과 마음의 떨림은 지금도 선명하다.

그 과제는 책을 통해 나 자신을 투영하는 계기가 되었다. 책의 한 구절에 이렇게 가슴이 뛴 적이 언제였는지 기억조차 나지 않았다. 하지만 내가 학생들에게 영어 독서를 권하기 전에 먼저 보여줘야 할 것이 무엇인지 분명히 알게 되었다. 문학이 가진 강력한 동기 부여의 힘과 몰입의 중요성을 깨달았기 때문이다. 《연금술사》는 영어 원서를 활용한 교육 가능성을 확인시켜 준 계기가 되었다.

이 경험을 통해 영어 단어의 난이도보다 학생들에게 정서적으로 도움을 줄 수 있는, 쉬운 영어로 쓰인 책 한 권을 찾는 것이 더 중요하다는 결론을 내렸다. 정서적 안정감, 스토리를 읽는 재미, 그리고 영어로 소설을 읽을 수 있다는 자신감이 학생들에게 강한 동기를 부여할 수 있으리라 확신했다. 이는 영어 독서에 대한 이론적 연구를 시작하게 된 계기가 되었다. 하지만 영어 독서를 시작할 수 있을 정도의 영어 실력을 갖추지 못한 학생들에게 이를 어떻게 소개할지에 대한 새로운 고민이 시작되었다.

정량적 기준이 필요한 시점에서, 나는 운 좋게도 어휘 연구로 유명한 폴 네이션 Paul Nation 박사님의 제자이신 교수님께 어휘 뭉치(코퍼스)와 영어 텍스트 난이도 분석 방법을 배울 기회를 얻었다. 영어 챕터북에 사용된 단어의 초급·중급 비율을 분석하거나, 최근 5년간의 수능 외국어 영역 시험지를 모아 평균 어휘 난이도를 조사했다. 이러한 작업은 영어 독서를 하나의 영어 학습법으로 바라보는 동료들의 관심을 끌었다.

그 후, 20여 년간의 영어교육 경력 중 10여 년을 영어 독서의 이론과 현실 간의 간극을 좁히는 데에 집중해 왔다. 최근에는 딸과 함께하는 영어 독서 경험까지 더해지며 영어 독서의 중요성에 대한 확신이 더욱 짙어지고 있다.

영어 교육은 발견이다

영어 문해력 향상 여정을 디자인하다
The Journey to Real Reading

영어 교육의 미니멀리즘을 꿈꾸다 Less but Better

초판 1쇄 발행   2025년 2월 17일

지은이	이선은
펴낸곳	(주)블루플래닛
주소	경기도 수원시 영통구 봉영로 1612, 보보스프라자 508-509호 (영통동)
전화	(031)203-0519
이메일	blueplanet071019@gmail.com
홈페이지	www.blueplanetenglish.com
출판등록	2023년 2월 24일(제2023-000033호)
ISBN	979-11-984137-0-3

ⓒ 이선은, 2025

* 이 책은 저작권법에 따라 보호를 받는 저작물이므로 무단 전재와 무단 복제를 하며, 이 책 내용의 전부 또는 일부를 이용하려면 반드시 저작권자와 주식회사 블루플래닛의 서면 동의를 받아야 합니다.
* 잘못된 책은 구입하신 서점에서 바꿔드립니다.
* 책값은 뒤표지에 있습니다.